Kompetenzen fürs Leben

Ein praktischer Leitfaden für den Erfolg in einer herausfordernden neuen Welt

Michael Sanilevich
Michael R. Kellogg,
Beth Shillington

Bnei Baruch
Kabbalah Laam

Published by Laitman Kabbalah Publishers
www.kabbalah.info info@kabbalah.info
1057 Steeles Avenue West, Suite 532
Toronto, ON, M2R 3X1, Canada

ISBN: 9798321677919

ERSTE AUSGABE: Mai 2024

Übertragen in die deutsche Sprache:
Brigitte Noe, Ulrike von Hassel, Christiane Reinstrom

Einführung

Jeder wählt für sich selbst den besten Weg, sein Leben zu meistern. Das Problem ist, dass wir oft auf Weggabelungen stoßen, an denen wir uns nur schwer entscheiden können, wo wir abbiegen sollen. Außerdem ist die Welt in den letzten Jahren in ständigem Wandel begriffen, und die Kette globaler Veränderungen beeinflusst die menschliche Gesellschaft, sodass wir in einem dynamischen Umfeld schicksalhafte Entscheidungen treffen müssen. Und jedes Mal müssen wir die Flugbahn neu berechnen.

Menschen, die in Teams arbeiten oder Angestellte leiten, die in einer Gemeinschaft leben oder als Lehrer und Mentoren für ein ganzes Publikum fungieren, brauchen kluge Ratschläge, Ermutigung, Unterstützung und vor allem eine klare Anleitung.

„Kompetenzen fürs Leben" ist ein professioneller Leitfaden mit kurzen Kapiteln, die drei Lebensbereiche abdecken: Selbstmanagement, zwischenmenschliche Kommunikation und Verständnis für die uns umgebende Welt.

Im Kapitel „Selbstmanagement und persönliche Entwicklung" erfahren wir, wie wir uns Ziele setzen und unsere Zeit richtig planen, wie wir mit Stresssituationen umgehen, welche Möglichkeiten es gibt, mit verschiedenen Konflikten umzugehen, und wie man in der Praxis einen „Runden Tisch" organisiert.

Das Kapitel „Zwischenmenschliche Kommunikation" befasst sich damit, wie die innere Welt eines Menschen aufgebaut ist, wie sie sich auf seine zwischenmenschlichen Beziehungen auswirkt, was die Macht der Massenkommunikation ist, wie man kohäsive virtuelle Gemeinschaften organisiert und was man einem Anfänger raten kann.

Im Kapitel „Persönliche Entwicklung und Verbindung zur Umwelt" lernen wir die grundlegenden Naturgesetze kennen, durch welche wir das Verhalten von Mensch und Gesellschaft besser verstehen. Wir erfahren, was die Wurzel aller Krisen in der menschlichen Gesellschaft ist, wie man Klüfte in den Beziehungen innerhalb des Landes, am Arbeitsplatz und in der gesamten Menschheit überbrücken kann.

Der Inhalt dieses Leitfadens basiert auf einer Methode der persönlichen Entwicklung und der Verbindung mit der Umwelt nach den Prinzipien der Weisheit der Kabbala. Die erfahrenen Studenten Michael Sanilevich, Gilad Shadmon und Dudi Aharoni haben die wichtigsten Erkenntnisse und Fähigkeiten in diesem Leitfaden zusammengestellt. Sie alle sind erfahrene Dozenten, die seit vielen Jahren im Rahmen der Bnei Baruch - Kabbalah La'am Association dieses

Thema erforschen. Die Lektüre dieses Leitfadens wird jedem helfen, bei sich selbst eine Veränderung herbeizuführen, das gesammelte Wissen an andere weiterzugeben und sie auf den Weg des guten Lebens zu führen.

Viel Spaß beim Lesen!

Inhaltsverzeichnis

Selbstmanagement und persönliche Entwicklung - Planen und Ziele setzen

Es gibt kaum eine Frage, die allgemeiner und abstrakter ist als die Frage: Was ist der Sinn des Lebens? Es gibt nur wenige Menschen, die diese Frage auch im hohen Alter noch beantworten können. Wie findet der Mensch den Sinn seines Lebens? Was erreicht ein Mensch, der den Sinn des Lebens verstanden hat? Wie viele Ziele kann ein Mensch haben - eines oder viele? Kann man sich ein Ziel aussuchen oder ist es von Geburt an festgelegt? Woran erkennt man, dass man es gefunden hat? Und was sind die Anzeichen dafür, dass man den richtigen Weg gewählt hat?

Eines ist klar: Der Mensch muss einen Sinn in seinem Leben haben, sonst ist sein Leben kein Leben. Die Frage nach dem Wesen des Lebens und seinem Sinn hat die Menschen im Laufe der Geschichte immer wieder beschäftigt. In den Religionen, die aus der Religion Abrahams hervorgegangen sind, besteht der Sinn des Lebens darin, Gott zu erkennen, Ihm ähnlich zu werden, Ihm zu gehorchen und Ihn anzubeten. Der Buddhismus definiert das Ende des Leidens auf der Welt als Ziel. Der Hinduismus sieht das Erreichen des höchsten Reichtums als oberstes Ziel an, aber jede seiner Strömungen bietet einen anderen Weg zum Erreichen des Reichtums.

Laut Konfuzius besteht der Zweck der menschlichen Existenz darin, eine ideale Gesellschaft aufzubauen und so die Harmonie zwischen Mensch und Himmel zu erreichen. Die Wissenschaft befasst sich nicht mit der Frage nach dem Zweck des Lebens, sondern untersucht, wann und unter welchen Bedingungen das Leben entstanden ist. Die Ansichten der Philosophen zu diesem Thema sind oft widersprüchlich. Die antike griechische Philosophie verknüpft das Ziel mit dem Begriff des „Guten". Der Positivismus ist ein Ansatz, der die Notwendigkeit betont, die Welt um uns herum zu erforschen und Wissen und Erfahrungen zu sammeln.

Man kann sagen, dass ein Leben ohne Sinn eines der Hauptprobleme des Menschen ist. Das Fehlen eines Ziels führt die Menschen zur Selbstzerstörung, wozu auch Drogenkonsum und andere Süchte gehören, aber es gibt keinen Konsens in der Menschheit über das Ziel des Lebens. Jeder Mensch hat ein Ziel, und das kann sich im Laufe des Lebens ändern. Man kann jemandem nicht einfach sagen: „Das ist der Sinn deines Lebens" und ihn dazu bringen, ihn zu akzeptieren. Es ist ein Prozess. Die Suche selbst ist die Hauptantriebskraft des Menschen.

Wie kann man sich ein Lebensziel setzen und einen Plan für dessen Verwirklichung aufstellen? Es gibt

Milliarden von Menschen auf der Welt und Tausende von verschiedenen Zielen. Wie kann ein Mensch herausfinden, was sein Lebensziel ist? Es gibt mehrere Ansätze, die bei der Wahl eines Lebensziels helfen können.

Ein Ansatz besteht darin, eine Selbstanalyse durchzuführen. Bei dieser Methode prüft und untersucht der Mensch, was mit ihm geschieht, was in der Welt um ihn herum geschieht und was die Entwicklungstrends in der Natur sind.

Ein anderer Ansatz besteht darin, das Umfeld zu analysieren. Man muss Menschen finden, die das Interesse und den Wunsch wecken, so zu sein wie sie, den Wunsch, herauszufinden, welche Ziele sie motivieren, und dann wird man in der Lage sein, die erworbenen Kenntnisse als Mittel zum Fortschritt zu nutzen.

Eine andere Möglichkeit besteht darin, einen spirituellen Lehrer bzw. einen weisen Menschen zu finden, der uns den Sinn des Lebens offenbart. Diese Methode war schon immer beliebt. Natürlich muss man dem Lehrer glauben, um seinem Weg folgen zu können.

Die Suche nach dem Sinn des Lebens hängt mit der Entwicklung der Wünsche eines Menschen zusammen. Für manche Menschen reicht es aus, zu trinken, zu essen und eine Familie zu gründen, um glücklich zu sein. Je geistig und spirituell entwickelter ein Mensch ist, desto mehr Ziele hat er im Leben. Aber das Verlangen hängt nicht vom Menschen ab. Die Natur selbst weckt in einem Menschen das Bedürfnis, ein

Ziel zu suchen, und es obliegt nur dem Menschen, das Verlangen weiterzuentwickeln. Manche Menschen können nicht leben, ohne den Sinn der Natur zu entdecken, den Gedanken, der in ihr liegt. Die Suche nach diesem Zweck gibt ihnen die Kraft zu leben. Laut Ansatz der Weisheit der Kabbala ist es nicht möglich, sich Ziele in unserem Leben zu setzen, ohne den Zweck der Natur zu kennen, die uns geschaffen hat.

Nehmen wir zum Beispiel einen Menschen, der als Ziel seines Lebens angibt, den inneren Plan der Natur zu entdecken. Der nächste Schritt nach der Festlegung des Ziels besteht darin, einen Plan zur Erreichung dieses Ziels zu erstellen. Das Schreiben des Plans beinhaltet die Festlegung einer Abfolge von schrittweisen Aktionen, die dem Menschen helfen, das Ziel zu erreichen. Im Grunde handelt es sich um eine normale Planung, die sich über das ganze Leben erstreckt. Um das Leben richtig zu planen, muss man diese Schritte befolgen:

- Den Zweck verstehen und sich Ziele setzen,
- Prioritäten setzen
- Die erforderlichen Ressourcen analysieren
- Einen schrittweisen Aktionsplan aufstellen und
- im Voraus planen, wie man sicherstellen kann, dass man sich dem Ziel annähert und nicht von ihm abweicht.

Ein Mensch sollte einen klaren Hinweis darauf haben, dass er Fortschritte macht, denn wenn Fortschritte nicht gemessen werden können, kann der Prozess nicht gesteuert werden. Gerade die Suche nach dem Ziel belebt den Menschen, gibt ihm Kraft, Energie, Motivation und Inspiration. Deshalb ist die Suche so wichtig. Je früher man mit der Suche beginnt, desto größer sind die Erfolgsaussichten. Und die Wahrheit ist, dass es nicht kompliziert ist. Man muss ehrlich zu sich selbst sein und auf seine innere Stimme hören; die Hauptsache ist, das richtige Umfeld zu finden, in dem man sich selbst verwirklichen kann.

Rahmenbedingungen und Zeitmanagement

Wir existieren innerhalb eines Rahmens, der „Leben" genannt wird. Es gibt natürliche Grenzen in unserem Leben, äußere Umstände und Bedingungen wie die weltweite Corona-Pandemie oder die drohende Wirtschaftskrise. Es gibt auch Rahmen, die Menschen künstlich geschaffen haben, mit einschränkenden Gesetzen, die sie binden, wie z.B. Kindergarten, Schule, Militär, Sport, Arbeit und Familie.

In jedem Moment seines Lebens befindet sich der Mensch in irgendeinem Rahmen. Warum hat der Mensch Rahmenbedingungen geschaffen, die ihn angeblich seiner Freiheit berauben? In der Natur vom gesamten Universum her bis zum letzten Individuum auf dem Planeten gibt es nichts „Freies". Aber wir müssen verstehen, was es bedeutet, frei zu sein, und ob Freiheit bedeutet, zu tun, was ich will. Ich bin nie frei zu tun, was ich will, weil ich immer unter dem Einfluss von Gesetzen, Umständen oder Veränderungen stehe, die sich auf mich auswirken.

Es gibt noch eine andere Herangehensweise an das Konzept der „Freiheit" oder wie sich ein Mensch frei fühlen kann. Was wäre, wenn wir mit den Eindrücken, die auf uns einwirken, völlig einverstanden wären und sie und unsere Reaktionen auf sie vollständig rechtfertigen würden? Vielleicht hören wir auf diese Weise auf, Einschränkungen und Druck zu spüren, und beginnen, uns frei zu fühlen? Es ist einen Versuch wert.

Mit dem Beginn der industriellen Revolution wurde das Konzept des „Zeitmanagements" geboren. In seiner heutigen Form besteht die Hauptidee darin, dem Menschen zu helfen, die wichtigen Dinge in seinem Leben zu erkennen und ihnen den größten Teil seiner Zeit zu widmen. Durch die Anhäufung scheinbar unbedeutender Momente der Zeitersparnis können letztendlich Stunden eingespart und viel effektiver genutzt werden. Forscher haben berechnet und festgestellt, dass wir im Laufe unseres Lebens Jahre mit sinnlosem Unsinn verbringen. Es ist nicht so kompliziert, die Kontrolle über die Zeit in unserem Leben zu gewinnen und zu lernen, sie zu verwalten, wie es auf den ersten Blick scheinen mag.

Hier sind einige Grundsätze, die das Zeitmanagement erleichtern:

- Regel Eins - Lege fest, was wirklich wichtig ist. Es lohnt sich, jeden Tag als den letzten Tag des eigenen Lebens zu betrachten.
- Regel Zwei - Planen und Ziele setzen. Ein Plan sollte mindestens für einen ganzen Tag oder eine Woche ausgelegt sein. Am besten ist es, wenn

er fortlaufend ist und nicht zeitlich begrenzt. Wer mit dem Gedanken plant, dass sein Leben irgendwann zu Ende ist, kann sich nicht in die richtige Richtung orientieren. Er muss einen Plan in der Annahme erstellen, dass die Dauer seines Lebens nicht begrenzt ist. Das Wichtigste ist natürlich das Ziel. Von ihm sollte sich alles ableiten, auch wenn es über die Grenzen des gegenwärtigen Lebens hinausgeht.

* Regel Drei - Prioritäten setzen. Wenn ein Mensch mehrere Handlungen gleichzeitig ausführen muss, muss er entscheiden, was wichtiger ist. Am besten ist es, danach zu handeln, was für die Gesellschaft, die Familie oder die Freunde wichtig ist.
* Regel Vier - lerne „nein" zu sagen. Nehmen wir an, jemand platzt mitten in einer bereits geplanten Aktivität in dein Büro und bittet um ein Treffen. Du solltest es ablehnen, weil du gerade beschäftigt bist. Tu das.

Eine wichtige Voraussetzung für das Zeitmanagement ist die Aneignung hilfreicher Gewohnheiten wie Morgengymnastik, das Einhalten von Fristen, Dinge an ihren Platz zurückbringen usw. Um alles, was uns obliegt, erledigen zu können, müssen wir außerdem die richtigen Prioritäten setzen und vermeiden, uns einen Rahmen zu setzen, den wir nicht einhalten können. Es ist wichtig, einen geregelten Tagesablauf in die Liste der Gewohnheiten aufzunehmen. Man sollte seine Ruhe- und Freizeit genauso planen wie die Tätigkeit selbst; es sollte keine Zeit geben, in der man nicht weiß, was zu tun ist.

In der Theorie ist alles ganz einfach, aber in der Praxis gelingt es vielen Menschen nicht, ihre Zeit einzuteilen. Es ist schwierig, Gewohnheiten zu ändern, weil es uns an Selbstdisziplin fehlt. Es muss jemand da sein, der sicherstellt, dass wir die Aufgaben, die wir uns gestellt haben, auch erfüllen, daher funktionieren Zeitmanagementtechniken am besten im Team. Vorzugsweise sollten wir einen Partner finden, mit dem wir zusammenarbeiten können. Nur in Teamarbeit können wir einen Punkt erreichen, an dem wir das, was wir wollen, verwirklichen und das, was wir nicht wollen, nicht, und das, was wir nicht geschafft haben, ist genauso gut wie das, was wir geschafft haben.

Selbstverwirklichung und persönliche Entwicklung

Das Thema der Selbstverwirklichung beschäftigte die größten Geister des Altertums. Aristoteles zum Beispiel hat diesem Thema in seinen Schriften große Bedeutung beigemessen. Er schrieb unter anderem, dass das Glück durch die Verwirklichung der dem Menschen innewohnenden Talente erreicht wird. Die Selbstverwirklichung war eines der Themen, mit denen sich der amerikanische Psychologe Abraham Maslow beschäftigte. Maslow ging davon aus, dass das Bedürfnis des Menschen, das ihm innewohnende Potenzial zu verwirklichen, an der Spitze der Pyramide menschlicher Bedürfnisse steht. Seiner Meinung nach schaffen es nur wenige, eine solche Höhe in der Bedürfnispyramide zu erreichen, doch der Mensch fühlt sich auch dann glücklich, wenn er sich diesem Ziel nur annähert.

Die Selbstverwirklichung ist das größte und mächtigste Bestreben des Menschen, sie ist vergleichbar mit dem Wunsch, der allgemeinen Naturkraft „Adam" (Mensch) von "Adama" (Erde), „Adame" (Edome) ähnlich zu werden, ähnlich der Natur. Wenn er also handelt, um sich selbst verwirklichen, spürt er, dass er in sich Eigenschaften aufbaut, die den Eigenschaften der allgemeinen Natur ähnlich sind, und so wird er zum Meister der Natur. Jeder Mensch möchte Herr der Natur sein, und in der Tat handeln wir in unserem Leben auf solche Weise, dass wir versuchen, die Natur zu bändigen, sie zu kontrollieren, über ihr zu stehen. Es ist genau dieser Wunsch, der uns menschlich macht und uns von der Tierwelt abhebt.

Dieses Verlangen hat sich im Laufe der Jahrhunderte allmählich entwickelt und nun in unserer Zeit beginnen wir es zu spüren. Deshalb ist gerade jetzt das Thema der persönlichen Entwicklung für die Menschen so stark in den Vordergrund getreten. Wenn wir die gesamte Geschichte der Menschheit als einen Prozess betrachten, in dem ein lebender Körper alle möglichen Veränderungen durchmacht, scheint es, dass dieser Prozess uns alle dazu bringt, den Wunsch nach Selbstverwirklichung zu entwickeln.

Anders als Tiere haben Menschen die Fähigkeit, sich zu verbessern, und zwar durch Selbstverwirklichung und persönliche Entwicklung. Persönliche Entwicklung ist eigentlich die Entwicklung und Verwirklichung von Charaktereigenschaften, die es einem Menschen ermöglichen, jedes Ziel zu erreichen, das er sich selbst setzt.

Dies ist eine sehr harte Arbeit, denn sie zwingt den Menschen, seine Komfortzone zu erweitern, sich neue Verhaltensweisen anzueignen und neue Gefühle zu entwickeln. Der Mensch muss sensibel mit sich selbst sein, auf seine Gefühle achten und vor allem keine Angst haben, seine Komfortzone zu verlassen. Wir neigen dazu, uns eine warme Ecke zu suchen und dort lange zu bleiben. Um jedoch etwas Neues zu entdecken, müssen wir aufstehen und uns in eine bestimmte Richtung bewegen, etwas lernen, nach etwas streben, mit Dingen aufhören, die wir gewohnt sind zu tun, usw. Die Natur drängt uns, unser Schicksal nach ihrem eigenen Plan zu erkennen.

Zu Beginn unserer Reise waren wir Wilde. Wir wussten nicht, warum und wofür wir lebten. Wir waren wie Tiere, im wahrsten Sinne des Wortes. Dann knüpften wir menschliche Beziehungen, bauten eine Gesellschaft auf und begannen, Technologien zu entwickeln. Unsere Grundbedürfnisse sind Nahrung, Sex, Familie, Geld, Respekt und Wissen. Sie existieren in uns in verschiedenen Formen und in unterschiedlichen Kombinationen. Nachdem der Mensch all diese Wünsche verwirklicht hat, entstehen in ihm neue Fragen, Fragen nach seiner Wurzel, nach seinem Grund zu leben. Im Laufe seiner Entwicklung merkt der Mensch plötzlich, dass alles eine Ursache, einen Prozess und ein Ergebnis hat; einen Anfang, eine Entwicklung und einen Abschluss. Diese Unterscheidung gehört zu unserer menschlichen Stufe, nicht zur tierischen.

Nur ein ewiges Ziel, das mit der Ursache und dem Zweck unserer Existenz zusammenhängt, kann zu wahrer Selbstverwirklichung führen. Alles persönliche

Wachstum im Rahmen unserer irdischen, egoistischen Evolution ist lediglich die Verwirklichung des Potenzials, das die Natur in uns angelegt hat. Wenn sich der Mensch tatsächlich selbst verwirklichen will, muss er über die Grenzen seiner Natur hinausgehen. Dies kann nur in einem Umfeld geschehen, in dem der Mensch richtige Beziehungen zu anderen Menschen entwickelt, um über die Grenzen der engen egozentrischen Wahrnehmung dieser Welt hinauszugehen.

Gerade diese Verbindungen zwischen uns Menschen sind es, die uns auf eine neue Entwicklungsstufe heben. Ich nutze mein innewohnendes Potenzial, um mich mit anderen Menschen zu verbinden. Zunächst mit Menschen, die mir geistig nahe stehen, und dann weitet sich der Kreis aus. Der Prozess der Annäherung passt uns an den natürlichen Evolutionsprozess eines jeden Lebewesens an. In dieser Handlung erkennen wir den Gedanken, den Zweck, der in der Natur liegt, und so erkennen wir uns selbst.

Persönliche Motivation

Motivation ist ein innerer Wunsch, der den Menschen zum Handeln antreibt, um ein bestimmtes Ziel zu erreichen. Motivation ist der Treibstoff, ohne den kein Schritt nach vorne getan werden kann. Jeder Mensch braucht eine allgemeine Motivation, einen Wunsch, den er verwirklichen muss, sonst ist sein Leben sinnlos.

Die Motivationsquellen lassen sich in mehrere Arten unterteilen:

- Externe Motivation - eine Motivation, die nicht mit dem Inhalt einer bestimmten Tätigkeit zusammenhängt. Es handelt sich um die Methode von Zuckerbrot und Peitsche, Belohnung und Bestrafung.
- Interne Motivation - eine Motivation, die sich auf den Inhalt der Tätigkeit selbst bezieht.
- Materielle Motivation - sie ist bis zu einer gewissen Grenze und oft nur für kurze Zeit wirksam. Ein Beispiel dafür ist ein hohes Einkommen, bei dem die Ausgaben der Menschen entsprechend steigen, die Menschen sich schnell daran gewöhnen und die Freude über das Einkommen

nachlässt. Der Einfluss von Instrumenten, die eine nicht-materielle Motivation hervorrufen, hält länger an, weil sie die Werte eines Menschen berühren und mit seinem persönlichen und beruflichen Wachstum verbunden sind. Studien zeigen, dass die Motivation, am Arbeitsplatz zu bleiben, dreizehnmal stärker davon abhängt, ob ein Vorgesetzter seinen Mitarbeitern zuhört, als von deren Gehalt. Wenn ein Mensch mit seiner materiellen Situation zufrieden ist, neigt er dazu, sich nur auf die kreative Komponente seiner Arbeit zu konzentrieren.

- Stabile Motivation - eine Motivation, die auf den natürlichen Grundbedürfnissen des Menschen beruht (Befriedigung von Durst, Hunger usw.).
- Instabile Motivation - eine Motivation, die ständige Unterstützung von außen erfordert (Raucherentwöhnung, Gewichtsabnahme usw.).

Ebenso lassen sich die persönlichen Motivationsquellen unterteilen:

- Motivation, die sich aus dem Bedürfnis ergibt, die eigenen Fähigkeiten unter Beweis zu stellen.
- Motivation, die aus dem Bestreben resultiert, jemandem zu ähneln (Autorität, Vorbild, Vater, usw.).

- Motivation, die aus dem Wunsch nach Kontrolle resultiert; es ist das Bestreben, die Menschen um uns herum zu beeinflussen, sie zu steuern und ihre Handlungen zu lenken.
- Motivation, die sich aus dem Bedürfnis nach persönlicher Entwicklung und der Verwirklichung des persönlichen Potenzials ergibt.

Die Verbindung zwischen Motivation und Entwicklung von Wünschen

Es besteht ein Zusammenhang zwischen der Entwicklung von Wünschen und der Motivation, denn die Entwicklung von Wünschen ist eigentlich die Entwicklung der Motivationsfaktoren. Am Anfang hatten die Menschen nur grundlegende Wünsche, wie Nahrung zu bekommen, Kinder zu haben, eine Familie zu gründen und eine Behausung zu errichten. Später wurden die Menschen motiviert, für komfortablere Lebensbedingungen zu kämpfen. Noch später kam der Wunsch nach persönlicher Entwicklung und spiritueller Transzendenz auf. Die Substitution von Wünschen motiviert die Menschen, nach anderen Wegen zu suchen, um sie zu erfüllen.

Wenn ein Mensch motiviert ist, spürt er deutlich die Richtung, in der er handeln soll, das Ziel, das er erreichen muss. Die Motivation zum Handeln beinhaltet ein klares Bild von der erwarteten Zukunft sowie von den Mitteln und Wegen, diese zu erreichen.

Wovon hängt die Motivation ab?

Es gibt zwei Parameter, die den Grad der Motivation bestimmen: die Bedeutung des Ziels und die Chancen, es zu erreichen. Wenn jemand keine Chance auf Erfolg sieht, hat er nicht die Kraft zu handeln. Die meisten Menschen haben also nicht genug Motivation, um reich oder berühmt zu werden.

Man muss die gewünschte Zukunft genau beschreiben und nicht in allgemeinen Begriffen. Man muss wissen, wie man sie erreichen kann. Motivation an sich ist ein leeres Wort, sie wird erst dann sinnvoll, wenn sie in praktische Pläne umgesetzt wird. Der Mensch ist eine gut geölte Maschine, er analysiert die erforderliche Investition, vergleicht sie mit dem erwarteten Ergebnis, und nur wenn die Bilanz positiv ausfällt, hat er Treibstoff und Motivation zum Handeln. Wir sind nicht in der Lage, ohne Eigeninteresse zu handeln, denn das liegt in unserer Natur. Selbst wenn uns Qualen oder Leiden als Ergebnis unseres Handelns erwarten, werden wir nicht anders handeln können.

So paradox es auch erscheinen mag, fällt es den Menschen sehr schwer, mit etwas aufzuhören, das ihnen im Moment Spaß macht, auch wenn es sie in der Zukunft krank machen wird. Wenn uns zum Beispiel ein Arzt rät, eine schädliche Angewohnheit abzulegen, sind wir nicht motiviert, dies zu tun, selbst wenn diese Angewohnheit zum Tod führen kann. Der Grund für diesen unnatürlichen Zustand ist, dass der Mensch eine bestimmte Handlung nur sehr vage mit dem Tod in Verbindung bringt.

Zum Beispiel kann Rauchen zum Tod führen. Wenn der Mensch verstehen würde, dass jeder Atemzug ihn dem Tod näher bringt, würde er sicher mit dem Rauchen aufhören. Das Wichtigste ist also, die Erfolgschancen richtig einzuschätzen, d. h. den künftigen Nutzen genau vorherzusagen, und dann, je nachdem, wie wichtig es ist, das Ziel zu erreichen, werden wir motiviert sein, zu handeln.

Wie kann man die Motivation steigern?

Der effektivste Weg, Menschen zum Handeln zu motivieren, besteht darin, sie in ein Umfeld zu platzieren, welches das Ziel, das sie erreichen wollen, wertschätzt. Ein Mensch muss die Menschen in seinem Umfeld schätzen, nur dann können sie ihn motivieren. Dabei geht es nicht um das Umfeld an sich, sondern nur um den Grad der Wertschätzung, den ein Mensch ihm entgegenbringt. Wenn die Menschen um ihn herum für ihn wichtig sind, werden sie ihn beeinflussen. Wenn sich zum Beispiel ein kleines Kind für eine Tätigkeit interessiert, wird sich der Vater des Kindes (vielleicht) widerwillig für diese Art von Arbeit interessieren, und es wird sich daraus ein Respekt für diese Beschäftigung entwickeln und sie wird willkommen sein. Weil etwas für jemanden wichtig ist, den ein Mensch schätzt, wird es auch für diesen Menschen wichtig werden.

Wie eingangs erwähnt, ist es sehr wichtig, einem Menschen die zukünftige Situation, die er erreichen möchte, näher zu bringen. Der Mensch sollte ermutigt werden, sie möglichst genau und detailliert zu beschreiben und die praktischen Schritte zu ihrer Verwirklichung zu planen.

Alle Tiere in der Natur entfalten ihr volles Potenzial. Der Mensch mag ein Potenzial oder ein Talent haben, aber es fehlt ihm die Motivation zu handeln, um es zu erreichen und zu verwirklichen. Der Grund für dieses Phänomen ist, dass ab einer bestimmten Evolutionsstufe Fragen auftauchen, die über die Grenzen unserer Welt hinausgehen. Es schleichen sich Zweifel ein und man fragt sich nach dem Sinn dieses begrenzten Lebens: „Was wird mit meinen Leistungen und den Ergebnissen meiner Bemühungen in der Zukunft geschehen?" Diese Frage ist der Kern des Mangels an Motivation.

Bevor wir jemanden motivieren können, der keinen Sinn und kein Ziel im Leben sieht, müssen wir zunächst das Gefühl für den Sinn des Lebens wiederherstellen. Man sollte ein höheres Ziel haben als unser begrenztes Leben. Für einen religiösen Menschen reicht der einfache Glaube an dieses hohe Ziel aus. Für einen säkularen Menschen ist es schwieriger, er muss genau wissen, was seine Zukunft bringt und was die Pläne und Ziele der Natur für den Menschen im Allgemeinen sind.

Die Kunst des Lernens

Jeder muss seine Lernfähigkeit ständig verbessern und nicht nur, wenn man das erste Jahr in der Grundschule beginnt, seinen Doktortitel macht oder eine Ausbildung absolviert. Denn das Lernen, der Erwerb von Wissen, unterscheidet uns von Tieren. Auch Tiere lernen und erwerben Lebenskompetenzen, aber der Mensch tut dies bewusst.

Was ist unter der Kunst des Lernens zu verstehen? Geht es um intellektuelles Lernen, um den Erwerb von Wissen, um den Erwerb von Lebenskompetenzen oder um den Aufbau von Werten?

Die Kunst des Lernens ist die Fähigkeit, zu erkennen, was man braucht, um im Leben voranzukommen. Nehmen wir an, ein Mensch befindet sich in einem ihm unbekannten geografischen Gebiet und sieht kaum, was vor ihm liegt, aber er versteht, dass er mit bestimmten Schuhen, Karten, Nachtsichtgeräten oder anderen Mitteln ausgerüstet sein muss, um das Gebiet zu erkunden. Dieser Prozess, sich im Voraus auf neue Bedingungen vorzubereiten, wird „Lernen" genannt.

Heutzutage ist das Erlernen einer neuen Fähigkeit mit einer Berufsausbildung verbunden, ob es sich nun um Kommunikations- und Managementfähigkeiten oder um ein Fachstudium handelt. Zwischenmenschliche Kommunikationsfähigkeiten werden kaum gelehrt, obwohl die Entwicklung der Menschheit und die Probleme des 21. Jahrhunderts deutlich zeigen, dass gerade diese Fähigkeiten am meisten gebraucht werden. Wir müssen uns die Fähigkeit aneignen, die Entwicklungstendenzen der Natur zu verstehen, die Art und Weise, wie sie auf uns einwirkt, und die Art und Weise, wie wir ihre Signale mit unseren fünf Sinnen interpretieren und verstehen können.

Die Aufnahme von neuem Material beinhaltet einen komplexen Prozess der Informationsaufnahme und -verarbeitung. Dieser Prozess umfasst die Schritte der Aufnahme von Informationen, ihrer Identifizierung, des ersten Verständnisses, der Bewertung ihrer Bedeutung, des Verständnisses ihrer Bedeutung und der Speicherung im Gedächtnis. Wir müssen neues Material immer mit bekannten Beispielen verknüpfen. Wenn wir dies nicht tun, wird der Stoff nicht verstanden, insbesondere, wenn es sich um emotionale oder abstrakte Phänomene handelt. Es hat zum Beispiel keinen Sinn, jemandem von gegenseitiger Bürgschaft zu erzählen, wenn er sie noch nie gespürt hat.

Es ist wichtig, bei einem Menschen Emotionen wie Überraschung, Interesse und Zweifel zu wecken. Humor und dramatische Darstellungen helfen den Menschen, neue Informationen aufzunehmen. Die Informationen sollten als wertvoll, notwendig und praktisch empfunden werden. Zusammenfassend lässt sich sagen, dass es drei wichtige Faktoren bei der Aufnahme von neuem Material gibt: Beispiele, Gefühle und der wahrgenommene Wert der Informationen.

Die Verwendung unbekannter Wörter kann die Aufnahme von Informationen für einige Sekunden völlig blockieren. Der Verstand wird versuchen, die neuen Ausdrücke in seinem Wörterbuch der bekannten Begriffe zu finden. Darüber hinaus ist es wichtig zu betonen, dass der Schüler nicht in der Lage sein wird, alles zu verstehen, was in der Zeit, in der die Suchaktivität im Gehirn stattfindet, gesagt wird, und dass er auch den Satz vermisst, der das neue Konzept enthält, das mit unbekannten Wörtern beschrieben wird.

Man sollte bedenken, dass die Informationsaufnahme des Schülers auch nach der Definition und Erklärung eines neuen Konzepts während des Lernprozesses so lange blockiert ist, bis das Konzept in sein aktives Begriffslexikon aufgenommen wurde. Forscher haben festgestellt, dass ein neuer Begriff 500- bis 800-mal wiederholt werden muss, damit er vertraut wird.

Das Erlernen neuer Gesetze bedeutet, dass wir uns neues Wissen aneignen, das wir nicht immer verstehen und das daher blockiert wird. Es lohnt sich, Pausen im Redefluss zu machen, langsam zu sprechen, zu versuchen, neue Begriffe durch einfachere Wörter zu ersetzen, das Stellen von Fragen zu fördern und Definitionen auswendig zu lernen. Das Wichtigste ist, in der richtigen

Umgebung mit anderen Menschen zu lernen und sich zu bemühen, die Informationen mit dem Herzen und nicht nur mit dem Verstand zu erfassen.

Über unsere Sinne nehmen wir eine riesige Menge an Informationen auf (viele Terabytes), aber in der Praxis wird eine weitaus geringere Menge an Informationen über die Nervenfasern an das Gehirn weitergeleitet, und zwar nur in der Größenordnung von Megabytes. Wenn ein Mensch also auf ein neues Konzept stößt, „lädt" er es zunächst in eine Art Datei, und erst danach verwendet er diese Datei (die in seinem Kopf gespeicherten Informationen).

Bei der Absorption handelt es sich um einen Prozess, bei dem der Mensch Informationen, die über die fünf Sinne in seinen Geist gelangen, aufnimmt und verarbeitet. Es ist beispielsweise bekannt, dass beim Lesen nur etwa 10 % der gelesenen Informationen aufgenommen werden und im Gedächtnis bleiben. Das Hören ist effizienter; etwa 30 % der auditiven Informationen werden aufgenommen. Verschiedene Präsentationen oder Videoinhalte werden zu 50 % aufgenommen. Wenn wir Fallanalysen, Rollenspiele, Workshops und Gesprächsrunden durchführen, werden 70 % der Informationen aufgenommen. 90 % werden aufgenommen, wenn wir jemand anderen unterrichten.

Und noch eine interessante Tatsache: Einige Forscher erklären, dass 50 % der zwischenmenschlichen Informationen nicht verbal, sondern durch Gestik und Mimik übermittelt werden, weitere 38 % durch Intonation und nur etwa 7 % verbal. Es ist nicht verwunderlich, dass viele zu dem Schluss kommen, dass es vor allem darauf ankommt, wie man aussieht und nicht, was man sagt.

All dies gilt für die Vermittlung von technischem Wissen, aber wenn unser Ziel darin besteht, die menschliche Natur, ihre egozentrische Wahrnehmung, zu verändern, dann werden diese Prinzipien nur teilweise und nur im Anfangsstadium funktionieren.

Um einen Menschen innerlich zu verändern, müssen wir einen völlig anderen Ansatz wählen. Dieser Ansatz beinhaltet die Aufnahme von Informationen in die Gefühle durch das Umfeld und die gegenseitigen Versuche jedes seiner Mitglieder, sich selbst aufzuheben und den Freund zu erhöhen.

Zusammenfassend lässt sich sagen, dass die traditionellen Lehrmethoden auf dem Erwerb von Wissen und analytischem Denken beruhen, während integrale Fähigkeiten durch die Praxis und die Entwicklung einer angemessenen Kommunikation in einem geeigneten Umfeld entwickelt werden. Heutzutage sind die zwischenmenschlichen Beziehungen eine Fähigkeit, die ständig weiterentwickelt werden muss. Die Aufnahme von Wissen und intellektuelles Lernen allein reichen nicht aus. Das Internet ist überschwemmt mit Informationen. Aber für einen Menschen, der sein Leben wirklich verändern will, reicht es nicht aus, wenn man ihm sagt, wie man Geld verdient oder ein gutes Familienleben führt, sondern man muss ihm auch das richtige Umfeld bieten, das diese Veränderung ermöglicht. Dies ist die eigentliche Tendenz der Natur; so entwickelt sie uns durch Integration und zunehmende gegenseitige Verbindungen zwischen den Menschen.

Die Methode zur Entwicklung integraler Fertigkeiten

Der Prozess der persönlichen Entwicklung und der Verbindung mit der Umwelt führt zu inneren Veränderungen im Menschen, zu einem Wertewandel und zu einer besseren Einstellung zu den Menschen. Damit solche Veränderungen in einem Menschen stattfinden können, sind andere Lehrmethoden erforderlich, andere Techniken als die traditionelle, einfache, formale Bildung, die auf die Vermittlung von Wissen abzielt.

Wir werden die Prinzipien des erfolgreichen Lernens untersuchen, die den Erwerb von Fachwissen und Kommunikationsfähigkeiten ermöglichen.

Eines der größten Probleme bei der Wissensvermittlung ist die Geschwindigkeit, mit der kürzlich gelerntes Material vergessen wird. Es gibt kritische Zeiträume, nach denen der Prozentsatz der im Gedächtnis gespeicherten Informationen deutlich abnimmt. In den ersten Minuten werden etwa 25 % der Informationen vergessen. Nach ein paar Stunden sind es etwa 50 % und nach einem Tag etwa 75 %. Dies hängt natürlich von der Methode und der Art der Informationsübertragung ab.

Der natürliche Wunsch eines Dozenten ist es, den Informationsverlust so gering wie möglich zu halten, aber wenn der Zweck des Studiums darin besteht, Werte und Einstellungen gegenüber anderen zu verändern, ist dieser Parameter überhaupt nicht wichtig. Ganz im Gegenteil, wenn ein Mensch mit leeren Händen aus dem Unterricht kommt, hat er ein großes Bedürfnis nach Selbstveränderung. Wissen ist für einen Menschen nur dann notwendig, wenn er ein Bedürfnis hat, sich selbst zu verbessern.

Am Ende der Studie sollten sich die Schüler treffen, die wichtigsten Punkte des Gelernten wiederholen und eine kurze Zusammenfassung im Kreis erstellen. Findet der Unterricht am Vormittag statt, ist es hilfreich, das tagsüber Gelernte zu wiederholen. Es gibt keine Übungen oder Tests und Prüfungen, denn es gibt keine Möglichkeit, die inneren Veränderungen, die in einem Menschen stattfinden, zu überprüfen. Die Veränderungen sind völlig individuell.

Viele Kurse werden ein- oder zweimal pro Woche besucht, aber beim integralen Lernen ist das völlig inakzeptabel. Das Lernen muss täglich erfolgen. Es ist besser, jedes Mal weniger zu lernen, aber sicher zu sein, dass man jeden Tag lernt.

Ein bekannter pädagogischer Ratschlag lautet, zu Beginn jeder Unterrichtsstunde kurz den in der vorangegangenen Stunde gelernten Inhalt zu wiederholen. In unserem Fall funktioniert das anders. Wir beginnen nie mit einer Wiederholung des Stoffes, weil das Wissen zweitrangig ist. Die Hauptsache ist die emotionale Neigung, sich mit anderen Menschen zu verbinden und die Atmosphäre. Die allgemeine Stimmung ist das Thema, das zu Beginn der Sitzung angesprochen werden muss.

Experten geben an, dass es etwa 10 Jahre dauert, bis man sich auf eine neue Gewohnheit oder Fähigkeit spezialisiert hat. Aber wenn es um innere Veränderungen geht, kann der Grad der Professionalisierung nicht an der Anzahl der investierten Stunden gemessen werden. Eines ist klar: Es gibt keine Grenze für die Perfektionierung, sie ist eine lebenslange Aufgabe. Das Tempo des Fortschritts hängt einzig und allein von der Höhe der Investitionen jedes Einzelnen ab. Wissen, das man ohne Anstrengung erlangt, ist wie eine Zeichnung auf Sand, von der nach kurzer Zeit keine Spur mehr übrig bleibt. In alten Quellen heißt es, dass ein Mensch, der sich bemüht und nichts findet, nicht glauben sollte. Wenn er sich bemüht hat und etwas gefunden hat, sollte er glauben. Das bedeutet, dass ein Mensch nur dann etwas lernen kann, wenn er an sich selbst arbeitet, so dass es unerlässlich ist, alle Voraussetzungen zu schaffen, damit der Schüler sich anstrengen kann. Dies wird durch Rollenspiele, Fallanalysen und Lernexkursionen erreicht, nach denen es gemeinsame Diskussionen über die auf der Tour gelernten Inhalte geben sollte.

Es besteht ein breiter Konsens über die Bedeutung von Beispielen im Unterricht. Das Gehirn merkt sich praktische Informationen in Bezug auf Sicherheit, Ernährung und Fortpflanzung; daher sollten die vermittelten Informationen von praktischen Beispielen begleitet werden. Praktische Beispiele sind bei der Vermittlung von Informationen hilfreich, weil sich das Gehirn praktische Informationen leichter merken und behalten kann. Tatsächlich unterscheidet der menschliche Verstand nicht zwischen dem, was ein Mensch tatsächlich tut, und dem, was er sich vorstellt oder einredet. In beiden Fällen werden die gleichen neuronalen Schaltkreise aktiviert. Beispiele für dieses Prinzip sind die verbesserten Leistungen von Sängern und Sportlern, wenn sie ihren erfolgreichen Kollegen zuhören oder zusehen. Deshalb sind Beispiele aus dem Leben so wichtig, denn durch sie können wir uns vorstellen, dass wir uns in einem Zustand befinden, der besser ist als unser aktueller Zustand.

Das Umfeld des Menschen ist wichtig. Es muss ein Umfeld sein, in dem jeder dem anderen hilft, das Ziel zu erreichen. Wir müssen künstlich eine Mini-Gesellschaft aufbauen, zu der auch die Familie eines Menschen gehört. In einem solchen Umfeld gewinnt der Mensch Vertrauen, und selbst wenn er nur durchschnittliche Fähigkeiten hat, kann er erfolgreich lernen und sich verbessern. Ein solches Umfeld mit Weggefährten sollte dem Menschen Beispiele für ein richtiges menschliches Miteinander zeigen, die sich gegen die egoistische Realität, die in die entgegengesetzte Richtung geht, behaupten.

Der beste Weg, sich Informationen zu merken, ist, sie anderen beizubringen. Wenn wir uns bewusst sind, dass wir den Stoff, den wir lernen, anderen erklären müssen, nimmt unser Gehirn die Informationen viel besser auf und merkt sie sich. Wir beteiligen uns aktiver an der Analyse der Informationen, an ihrer vergleichenden Rezeption und an einem kreativen Prozess des Lernens und der Aufnahme, anstatt nur zu lernen, um sich Informationen zu merken.

Die Beziehung zwischen Lehrer und Schüler ist bei der Entwicklung ganzheitlicher Fähigkeiten eine sehr wichtige Komponente, und diese Beziehung hängt ausschließlich von den Bedürfnissen des Schülers ab. Der Mensch sollte dort lernen, wo sein Herz bereit dazu ist. Dies ist von großer Bedeutung, denn der Lehrer und die Mitschüler sind das Umfeld, in welchem der Schüler Beispiele erhält, die ihn dazu bringen, sich zu verbessern, andere zu beneiden und zu versuchen, sich wie sie zu verhalten.

Der Lehrer sollte den Schüler schrittweise zu eigenständigen Schlussfolgerungen führen. Er muss dem Schüler den Stoff auf kreative und besondere Weise erklären, damit der Schüler immer mehr Fragen stellt. Die Fragen der Schüler sollten den anderen Schülern helfen, den Stoff aufzunehmen und sie nicht abzulenken.

Die Fragen sollten kurz und klar sein und sich auf das zu behandelnde Thema konzentrieren. Manchmal werden Fragen nicht aus dem Wunsch heraus gestellt, etwas zu wissen, sondern um die Gruppe sozial zu fördern.

Die Antworten auf Fragen enthalten in der Regel den größten Teil der gelernten Informationen. Die Fragen und Antworten sind in erster Linie notwendig, um die Gruppe zu bilden und zu verbinden. Daher ist die Fähigkeit, den Fragen eines Mitschülers zuzuhören, von entscheidender Bedeutung. Die Antwort des Lehrers sollte den Schüler dazu anregen, weiter nach einem Ort der inneren Entwicklung zu suchen. Einerseits gibt der Lehrer dem Schüler die Antwort, die der Schüler hören möchte. Andererseits muss die Antwort Informationen enthalten, die den Wunsch des Schülers wecken, die Frage weiter zu klären.

Der Prozess des Lernens und des Erwerbs neuer Fähigkeiten und Kompetenzen ist ein Mittel, um sich zu verändern und zu verbessern. Wir erwerben alle Fähigkeiten, Kompetenzen und Fertigkeiten, um uns zu verändern. Der Schüler muss eine solche Einstellung zum Lernen entwickeln, er muss das Gefühl haben, dass er sich in einem Labor befindet. Bei dieser Herangehensweise wird der Wissenserwerb vielschichtig: In der ersten Phase wird das Gesamtbild erlernt, in der zweiten Phase wird jedes Detail einzeln analysiert, und in der dritten Phase werden alle Details zu einem Gesamtbild zusammengefügt. Wann immer neues Wissen erlernt wird, sollte es noch am selben Tag in einer Gruppe mit anderen Menschen praktisch angewandt werden, damit die Anwendung des Wissens die Chance auf eine Veränderung deutlich erhöht. In jedem Fall muss man sich darüber im Klaren sein, dass es einige Zeit dauern wird, bis das erworbene Wissen emotional verinnerlicht ist und zu einer neuen Fähigkeit wird, die man anderen erklären und vermitteln kann.

Stressbewältigung

Wissenschaftler glauben, dass das moderne Leben voller Stresssituationen ist, und sie haben Recht. Morgens fährt der Mensch schnell zur Arbeit. Auf dem Weg dorthin setzt er die Kinder in der Schule ab. Bei der Arbeit erlebt er Kämpfe und Konflikte. Nach der Arbeit sieht er sich zu Hause mit verschiedenen Problemen konfrontiert. Heute gibt es ein neues Konzept namens „Work-Burnout-Syndrom". Es wird spekuliert, dass Ärzte in naher Zukunft Arbeitnehmern aufgrund von „Job-Burnout" Urlaubstage gewähren werden.

Kaum jemand würde bestreiten, dass wir in einer Welt voller Stress und Störungen leben, die unseren Körper in jedem Moment aus dem Gleichgewicht bringen. Der Körper wehrt sich und mobilisiert Kräfte und Ressourcen, um diese Belastungen als Reaktion auf jeden Stressfaktor auszugleichen und mobilisiert alle seine Kräfte, um sich gegen Hunger, Kälte und psychische oder physische Verletzungen zu wehren.

Was sind die Ursachen für Stress?

- Konflikt mit einem anderen Menschen.
- Mangel an positiven Emotionen.

- Einsamkeit und wiederkehrende Ängste.
- Übermäßige oder mangelnde körperliche Aktivität.
- Eine starke Veränderung der Umweltbedingungen.

Der Grund für jeden Stress ist die Kluft zwischen meinem Wunsch, etwas zu genießen, und der Tatsache, dass ich in der Praxis nicht davon erfüllt werden kann. Infolgedessen bleibe ich leer. Es gibt viele Methoden, um effektiv mit Stress umzugehen. Wir müssen an jeden Menschen so herantreten, wie es für ihn persönlich passt.

Gängige Methoden zur Stressprävention und -bewältigung:

- Atem- und Meditationsübungen, um sich zu entspannen, sich in der Stille aufzulösen, sich in Beobachtung und Kontemplation zu versenken. Diese Methode hilft vielen Menschen.
- Bewegung und ausreichend Schlaf.
- Haustiere - Wenn Sie kein Haustier haben, lohnt es sich, eines anzuschaffen.
- In einem Chor singen.
- Weinen oder Lachen
- Zeit mit geliebten Menschen verbringen oder etwas für andere tun, um die Gedanken von den Stressquellen abzulenken.
- Positives Denken - Gedanken sind greifbares „Material".

Im Allgemeinen setzen sich alle Methoden der Stressbewältigung damit auseinander, die Aufmerksamkeit einer Person irgendwie von den Stressfaktoren abzulenken.

Bislang haben wir über psychologische und physiologische Belastungen gesprochen. Alle genannten Methoden sind in der Tat gut geeignet, um mit diesen Belastungen umzugehen. Wir werden nun über eine besondere Art von Stress sprechen, die mit einem speziellen Ansatz angegangen werden muss. Es handelt sich um einen absichtlichen, gezielten Druck, einen globalen Druck auf die Menschheit, der von der Natur ausgeht. Sein Zweck ist es, die Menschheit dazu zu bringen, sich allmählich und zielgerichtet weiterzuentwickeln und die Menschen zu bestimmten Verhaltensnormen und schließlich zu einer neuen Weltanschauung zu führen.

Die Symptome für absichtlichen Stress durch die Natur sind Unsicherheit und fehlende Zukunftsperspektive. In diesem Fall reichen Übungen und positives Denken nicht aus. Um mit diesem Druck umzugehen, muss der Mensch die Gesetze der Natur, ihre Strömungen und die Richtung, in die sich alles entwickelt, kennen. Genau genommen, wenn der Mensch mit dem allgemeinen Stress der Natur ringt, beginnt er, nach dem Sinn seines Lebens zu suchen.

Ein Mensch, der sich in diesem Prozess befindet, muss ein starkes Umfeld haben, ein Umfeld, dessen Mitglieder ebenfalls nach der inneren Ursache für alles suchen, was ihnen und der gesamten Menschheit widerfährt, ein Umfeld von Menschen, die sich fragen, ob hinter dem Druck, den die Schläge der Natur auf sie ausüben, ein Gedanke steckt. Vielleicht gibt es einen Algorithmus, den wir kennen müssen, damit alles gut ausgeht?

In den letzten Jahrhunderten haben wir begonnen, die physikalischen Naturgesetze zu entdecken und zu verstehen, aber wir sind immer noch völlig unfähig, die sozial-menschlichen Gesetze zu verstehen. Aus irgendeinem Grund denken wir, dass es in der menschlichen Gesellschaft keine strengen Gesetze gibt, also erfinden wir Gesetze. Diese Gesetze bestimmen unsere soziale Struktur und unsere Lebensweise. Heutzutage haben Wissenschaftler bereits festgestellt, dass es einen Zusammenhang zwischen den Beziehungen zwischen uns und Krankheit und Stress gibt. In Zukunft werden wir sehen, dass die Beziehungen zwischen uns direkt zu Viren, Naturkatastrophen und Wirtschaftskrisen einladen.

Sie werden sicher fragen, wie unsere gegenseitigen Beziehungen mit all dem und unserem Stress zusammenhängen.

Wie wir bereits gesagt haben, sind gerade unsere egoistischen negativen Beziehungen die Ursache für all den Druck. Die Beziehungen zwischen uns stimmen nicht mit den harmonischen Gesetzen überein, die in der Natur wirken. Die Natur versucht, uns wieder ins

Gleichgewicht zu bringen, indem sie Druck ausübt. Wenn wir uns umsehen, scheint auf allen Ebenen der Natur Harmonie zu herrschen, außer in der menschlichen Gesellschaft.

Das wichtigste Gesetz, das in lebenden Körpern wirkt, ist das Gesetz der gegenseitigen Bürgschaft. Wie verhalten wir uns dazu? Das Gleichgewicht auf der tierischen Ebene wird instinktiv erreicht. Auf der menschlichen Ebene müssen wir das Gleichgewicht selbst durch die Umgebung herstellen.

Gleichgewicht ist die richtige und bewusste Verbindung zwischen Menschen. Nur dem Menschen, der die Krone der Schöpfung ist, wurde die Möglichkeit gegeben, zu kooperieren und sich bewusst mit anderen Menschen zu verbinden. Unser Körper ist von der Natur selbst darauf „programmiert", in starken und guten sozialen Beziehungen zu stehen, den Menschen um uns herum nahe zu sein. Unser normales Funktionieren hängt genau davon ab. Deshalb müssen wir uns entscheiden, ob wir uns in Richtung zunehmenden Drucks und zunehmender Spannungen oder in Richtung Zusammenarbeit, gegenseitiger Bürgschaft und Verbindung bewegen.

Ursachen und Arten von Konflikten

Konflikte sind Unstimmigkeiten zwischen zwei oder mehreren Parteien. Konflikte gibt es zwischen Zivilisationen und Ländern oder zwischen Kulturen und Religionen, sogar im Menschen selbst gibt es eine ganze Reihe von Widersprüchen.

Konflikte lauern überall - in der Schule, am Arbeitsplatz, in Geschäften, in öffentlichen Verkehrsmitteln und sogar zu Hause. Die gesamte Natur ist auf Konflikten aufgebaut, auf dem Zusammenspiel zweier gegensätzlicher Kräfte: Plus und Minus, Schwarz und Weiß, Gut und Böse. Wir müssen daher verstehen, dass Konflikte und Widersprüche immer und überall vorhanden sein werden. Die Fähigkeit, Konfliktsituationen zu erkennen und zu lösen, ist für jeden eine sehr wichtige Fähigkeit.

Arten von Konflikten:

- Zielkonflikt - ist eine Situation, in der die Parteien die Ziele einer Aktivität unterschiedlich wahrnehmen und somit auch unterschiedliche Interessen vertreten. Dies sind die häufigsten Konflikte, denen ein Manager oder eine Führungskraft begegnet.

- Konflikt zwischen Ansichten und Haltungen - Dies ist eine Situation, in der die Parteien unterschiedliche Einstellungen, Ansichten, Gedanken und Ideen zur Lösung eines bestimmten Problems haben. Die Lösung dieser Art von Konflikten dauert lange und ist sehr schwierig.

- Emotionaler Konflikt - Dies ist eine Situation, in der sich Menschen durch ihr Verhalten und ihren Kommunikationsstil gegenseitig verärgern. Diese Konflikte sind am schwierigsten zu lösen, weil sie auf Ablehnung auf der persönlichen Ebene beruhen.

- Interner Konflikt - Dieser Konflikt kann oft als ein Zusammenstoß zwischen Emotionen und Verpflichtungen, zwischen Wünschen und der Fähigkeit zur Umsetzung definiert werden. Menschen haben gleichzeitig widersprüchliche Ziele und Motive, mit denen sie in einem bestimmten Moment nicht umgehen können, und sie haben Schwierigkeiten, Prioritäten für ihr Handeln zu setzen. Ein guter Familienvater möchte beispielsweise die Abende zu Hause mit seiner Familie verbringen, aber sein Vorgesetzter verlangt vielleicht, dass er für die Arbeit viel Zeit investiert und häufig auf Reisen geht.

- Zwischenmenschlicher Konflikt - ein Interessenkonflikt zwischen Menschen. Dies ist der am häufigsten auftretende Konflikt. Knappheit an Ressourcen, Geld, Waren und anderen Gütern sind die Hauptursache für diese Art von Konflikt.
- Konflikte zwischen Gruppen - Konflikte können zwischen Menschen mit unterschiedlichem sozialem Status, unterschiedlicher religiöser Zugehörigkeit oder unterschiedlicher Nationalität ausbrechen. Ein Beispiel für einen solchen Konflikt könnte der Anspruch auf einen heiligen Ort sein, der für verschiedene Gruppen von Menschen gleichermaßen wichtig ist.

Konflikte können konstruktiv oder destruktiv und negativ sein. Unabhängig davon, um welche Art von Konflikt oder Auseinandersetzung es sich handelt, müssen wir verinnerlichen, dass sie eine notwendige Bedingung für die Entwicklung des Menschen als Individuum und der Menschheit als Ganzes sind.

Die Auslöser für diese Konflikte können gesprochene Worte oder unternommene oder unterlassene Handlungen sein. Zum Beispiel können fehlende Informationen durch absichtliche Auslassungen oder absichtliche Irreführung, Flüstern, Geheimnisse, Austausch von Blicken, eine gewisse Geheimniskrämerei um ein bestimmtes Thema, Kichern, mangelnde oder übermäßige Aufmerksamkeit, das Bedürfnis nach Kontakt oder der Wunsch, ihn zu vermeiden, verschiedene Konflikte auslösen.

Weitere Konfliktursachen können ein übermäßiger Wunsch sein, deine Meinung in der Gesellschaft durchzusetzen, unerwünschte gegenseitige Abhängigkeiten, die Verteilung von Ressourcen und vieles mehr. Es gibt Tausende von Gründen für Konfrontationen und Konflikte. Das Wichtigste ist, sich daran zu erinnern, dass es sofort zu Meinungsverschiedenheiten, Missverständnissen, Ablehnung und Widersprüchen kommen wird, sobald Menschen nach Einheit, Annäherung und dem Aufbau von Beziehungen zwischen ihnen streben.

Das liegt in unserer Natur. Es ist eine Tatsache, dass, je enger die Menschen in einer Beziehung sind, desto anfälliger sie für Reibungen und Konflikte sind. Wenn wir diese Konflikte lösen, dienen sie als Sprungbrett für stärkere und gesündere Beziehungen. Eine weitere wichtige Tatsache in Bezug auf die Entstehung von Konflikten ist, dass sich die Menschen gegenseitig konfrontieren, weil das Ziel, für das sie arbeiten, für sie wichtig ist. Das Fehlen von Konflikten in einer Gesellschaft oder einer Familie ist ein Zeichen für mangelnde Verbundenheit und Gleichgültigkeit.

Konflikte dienen als Katalysator für die Persönlichkeitsentwicklung. Sie treiben einen Menschen dazu an, an sich selbst zu arbeiten und helfen ihm, die

Beziehungen zu anderen zu stärken. Es ist nicht ratsam, sie als ein negatives Phänomen zu betrachten, aber es lohnt sich, negative Konflikte zu vermeiden, die darauf abzielen, Verbindungen und Beziehungen zu zerstören. Deshalb ist es so wichtig, zu lernen, die Arten von Konflikten und ihre Ursachen zu erkennen und die Fähigkeit zu erwerben, ihre Lösung richtig anzugehen.

Methoden zur Konfliktlösung

Es gibt immer Gründe für das Entstehen von Streitigkeiten oder Konflikten. Die Kenntnis der Gründe für den Konflikt und die Wahl der richtigen Lösungsstrategie helfen, Kämpfe zu vermeiden. Es gibt verschiedene Möglichkeiten, Konflikte zu lösen. Sehen wir uns einige von ihnen an.

Streit kennzeichnet eine Situation, in der jede Seite versucht, der anderen ihren Standpunkt aufzuzwingen, ohne die Meinung der anderen zu berücksichtigen. Diese Strategie führt in der Regel zu einer Verschlechterung der Beziehungen zwischen den Parteien. So verhalten sich Politiker häufig, insbesondere vor Wahlen. Die Entscheidung für eine solche direkte Konfrontation fällt in der Regel in Extremsituationen, wenn es keine andere Wahl gibt und man nichts zu verlieren hat oder wenn man die Beziehung zum anderen nicht richtig einschätzen kann. Ein solcher Kampf kann gelöst werden, wenn er auf das Problem und nicht auf den anderen gerichtet ist.

Vermeidung ist eine Strategie zur Lösung eines Konflikts mit minimalem Verlust. Dieser Ansatz wird angewandt, nachdem alle Versuche aktiverer

Maßnahmen fehlgeschlagen sind, oder bei Zeitmangel und mangelnder Bereitschaft, das Problem zu lösen.

Von **Angleichung oder Anpassung** sprechen wir, wenn man seine Interessen zugunsten des anderen aufgibt, d.h. wenn man bereit ist, auf den anderen zuzugehen. Dies ist eine Handlung, die daraus resultiert, dass die nachgebende Partei eine gute Beziehung zu der anderen aufrechterhalten muss oder dass sie einsieht, dass sie im Unrecht ist oder dass der Ausgang des Streits für sie nicht wichtig ist. In diesem Fall ist es ratsam, dass sich die Person fragt, ob sie mit dem Zugeständnis leben kann.

Der **Kompromiss** ist eine sehr verbreitete Methode zur Konfliktlösung. In dieser Situation akzeptiert jede Partei den Standpunkt der anderen, aber nur bis zu einer bestimmten Grenze. Durch gegenseitige Zugeständnisse bei einigen Forderungen ist es möglich, eine plausible Lösung zu finden. Der erzielte Kompromiss kann zu Unzufriedenheit und neuen Konfrontationen führen, da jede Seite nur einen Teil dessen erreicht hat, was sie wollte.

Zusammenarbeit ist die wirksamste Konfliktlösungsstrategie.

- Die Teilnehmer erkennen das Recht jeder Partei auf ihre eigene Meinung an.
- Es besteht die Zeit und die Bereitschaft, die Gründe für die Meinungsverschiedenheiten zu

analysieren und eine Lösung zu finden, die für alle akzeptabel ist.

- Die Lösung ist für beide Seiten wichtig.

Die Wahl der Strategie zur Lösung eines Konflikts hängt von verschiedenen Faktoren ab. In der Regel hängt sie von den spezifischen Merkmalen jeder Partei, der Intensität des ihr zugefügten Schadens, der Verfügbarkeit von Ressourcen und den möglichen Folgen des Konflikts ab. Wenn wir jedoch die langfristige Lösung eines Problems ins Auge fassen, ist es notwendig, den Parteien Kenntnisse über die Art, den Ursprung und den Zweck von Konflikten im Kontext der allgemeinen Entwicklung der Menschheit im Vorfeld zu vermitteln.

Es ist ratsam, die Lösung des Problems selbst erst nach dem Erwerb dieser Kenntnisse in Angriff zu nehmen oder einen Ermittlungskurs als Präventivmaßnahme anzubieten. Auf diese Weise wird das Problem auf einer ganz anderen Ebene gelöst. Die höchste Stufe der Konfliktlösung ist dann erreicht, wenn die Parteien sie nutzen, um eine stärkere Verbindung zwischen ihnen zu erreichen, und nicht, wenn sie aufgeben, kämpfen oder den Konflikt vermeiden. Ein Zeichen dafür, dass die Parteien die richtige Lösung gefunden haben, ist nicht nur die Tatsache, dass beide Parteien mit der Lösung zufrieden sind, sondern auch, dass sie eine stärkere Verbindung und einen stärkeren Zusammenhalt zwischen ihnen erreicht haben, und zwar über alle Differenzen hinweg, die aufgetaucht sind.

Hier sind einige grundlegende Prinzipien für den Umgang mit zwischenmenschlichen Konflikten innerhalb einer Gruppe:

- Wenn ein Konflikt auftritt, sollten praktische Maßnahmen ergriffen werden: Bewertung der Situation, Sammlung von Informationen, Auswahl von Bewältigungsstrategien, Umsetzung der gewählten Strategie und Überprüfung ihrer Wirksamkeit. Es ist sehr wichtig, dass sich die Parteien von Anfang an darüber im Klaren sind, was das gewünschte Endergebnis ist.
- Die Gruppe sollte alle Entscheidungen fast ohne Einmischung von außen treffen. Die Gruppenmitglieder müssen zusammenkommen und sich die Situation vorstellen, die sie nach der Lösung des Konflikts erreichen werden. Ausgehend von dem Zukunftsbild der korrigierten Situation müssen sie die geeignete Strategie wählen, um diese Situation zu erreichen.
- Jeder sieht sich selbst als verantwortlich für die Entstehung von Konflikten in der Gruppe.
- Man sollte sich nie an die Konfliktlösung heranwagen, bevor nicht ein Prozess der Annäherung zwischen den Parteien begonnen hat. Die Annäherung sollte als unabhängiger Prozess

durchgeführt werden, unabhängig von der Natur, der Art und dem Stand des aufgetretenen Konflikts. Dies ist eine sehr wichtige Vorphase, und erst danach können wir uns mit dem eigentlichen Konflikt befassen.

- Es muss unterschieden werden zwischen dem Problem, dem Konflikt selbst, und den Menschen, die daran beteiligt sind. Wir sollten hart mit dem Problem und nachgiebig mit den Menschen umgehen.

- Es ist ratsam, sich in die Lage der anderen Seite zu versetzen, sich auf das Thema, die Interessen selbst und nicht auf persönliche Positionen und Meinungen zu konzentrieren und verschiedene Optionen anzubieten, die für beide Seiten vorteilhaft sind, anstatt nach einer einzigen Lösung für das Problem zu suchen.

Das sind nur Grundsätze. Um zu lernen, mit Konflikten in der Praxis umzugehen, muss man sich ernsthaft und ständig mit diesem Thema auseinandersetzen. Wir haben keine natürlichen Fähigkeiten, Konflikte zu lösen, wir müssen sie uns aneignen. Der Schlüssel dazu ist die Übung, das Verständnis für die Ursachen von Konflikten und das Endziel.

Methoden des Runden Tisches

Um einen Runden Tisch korrekt zu leiten, müssen mehrere Bedingungen erfüllt sein:

- Die optimale Teilnehmerzahl ist zehn, nicht mehr.
- Wähle ein Thema oder eine Frage für die Diskussion am Runden Tisch.
- Die Teilnehmer sollten sich von Angesicht zu Angesicht gegenübersitzen, um eine maximale Beteiligung an der Diskussion zu gewährleisten.

Die Rolle des Moderators ist äußerst wichtig. Er oder sie muss ständig den Fluss der Diskussion am Leben erhalten und ein Experte darin sein, eine Atmosphäre von Vertrauen und Zuversicht am Runden Tisch zu schaffen.

Für die Durchführung eines Runden Tisches sollten zehn Regeln beachtet werden.

1. Die Gleichheit aller; alle Teilnehmer sind gleich wichtig.
2. Es wird nur ein Thema behandelt.
3. Es ist wichtig, dass jeder Teilnehmer seine Meinung äußert.

4. Es ist wichtig, die anderen zu hören und ihnen zuzuhören.
5. Es gibt keinen Streit, keine Kritik und man verleumdet einander nicht.
6. Während der allgemeinen Diskussion sollte es keine Privatgespräche zwischen den Teilnehmern des Runden Tisches geben.
7. Jeder versucht, Ablehnung und Ärger zu überwinden.
8. Vermeidet die Verwendung von Klischees und Schlagwörtern. Sprecht offen
9. Trefft gemeinsam eine Entscheidung
10. Ziel der Methode ist es, eine Atmosphäre der Einigkeit und Unterstützung zu schaffen, um eine gemeinsame Entscheidung zu treffen.

Es ist wichtig, dass die Reihenfolge der Sprecher und der Diskussion eingehalten wird. Die Meinung jedes Einzelnen ist wichtig, daher solltet man sich kurz fassen und dafür sorgen, dass jeder zu Wort kommt.

Wenn wir versuchen, diese zehn Bedingungen zu erfüllen, können wir eine einstimmige gemeinsame Entscheidung treffen. Wir wollen einen Punkt des gegenseitigen Verständnisses und der Einigkeit erreichen, der am Runden Tisch geschaffen wird. Dieser Punkt wird dadurch erreicht, dass die persönlichen Meinungen der Teilnehmer zu einer gemeinsamen Meinung verschmolzen werden. Es ist sehr wichtig, sich ein hohes und erhabenes Ziel zu setzen und ein Feld gemeinsamer Sorge, Wärme, Sicherheit und Unterstützung zu schaffen. Wenn wir eine solche Atmosphäre der Einigkeit geschaffen haben, werden wir die einzig richtige Lösung finden.

Was ermöglicht den Erfolg des Runden Tisches?

Der Runde Tisch befähigt uns, die guten Beziehungen wiederherzustellen, die uns ursprünglich von der Natur eingepflanzt wurden und die im Laufe der Zeit durch das sich entwickelnde Ego zerstört wurden. Der Runde Tisch versetzt den Menschen von einem „ICH" Zustand in einen „WIR" Zustand. Der Runde Tisch gibt uns einen Vorgeschmack auf eine „andere Welt". In der gegenwärtigen Welt, in unserem täglichen Leben, versucht jeder zu beweisen, dass er im Recht ist. Am Runden Tisch taucht plötzlich ein neues Konzept auf: - „WIR" - ein Konzept, das es jedem erlaubt, sich ohne Angst zu äußern, da er sicher sein kann, dass die anderen ihm zuhören und seine Meinung respektieren. Die Teilnehmer beginnen, eine besondere Kraft zu spüren, die sich nicht in Worte fassen lässt. Sie wollen nicht mehr zu der Art der früheren Verbindung zurückkehren. Worin besteht diese Kraft? Es ist die Natur selbst, die uns hilft. Wir richten uns nach ihren Regeln aus, und sie hilft uns im Gegenzug. Wie kann es uns gelingen, den Gesetzen der Natur zu ähneln?

Wie Kinder, die spielend aufwachsen und sich entwickeln, so entwickeln auch wir Erwachsenen uns nur durch Spielen. Dies ist ein natürliches Phänomen. Im Prozess des Lebens spielen wir ständig, daher ist es üblich, den Begriff des „Lebensgesetzes“, Leben zu spielen, zu verwenden. Wir haben im Laufe der Geschichte immer wieder gespielt; wir haben Milliarden von Charakteren gespielt. Wir spielen Fußball, Schach, Liebesspiele und viele mehr.

Das Spiel hilft uns, unseren zukünftigen Zustand aufzubauen, wenn wir ihn in unserer Beziehung spielen. Die Frage ist nur, welches Spiel wir spielen wollen - das falsche egoistische Spiel, das uns von der Gesellschaft auferlegt wurde, um in der Arbeit voranzukommen, den Menschen zu gefallen und etwas zu verdienen, oder das echte Spiel, das ein echtes Ziel hat, ein erhabenes Ziel, ein Spiel, das bezweckt, den Gesetzen der Natur, der Harmonie und der Einheit näher zu kommen, und somit reibungslos in die integrale Welt einzutreten?

Am Runden Tisch ist das Spiel ein sehr wichtiger Bestandteil. Es zwingt uns, auf eine für uns ungewohnte Weise zu handeln. Spielen ist ein Mittel der menschlichen Entwicklung. Es fordert uns heraus. Es hilft uns, ein Beispiel, ein Modell für die gewünschte zukünftige Situation zu schaffen. Es ermöglicht, die Stimmung der Teilnehmer zu verändern - von Ernsthaftigkeit zu Entspannung, von Zerstreuung zu Zusammenhalt, von Müdigkeit zu Wachsamkeit, von abgekühlten Beziehungen zu Wärme und Begeisterung.

Wer spielt, öffnet sich und lässt los; das Spielen fördert auch die gegenseitige Hilfe und Zusammenarbeit. Ein Mensch, der spielt, blüht auf; spielen bringt sowohl Erfolg als auch Freude. In der Tat können wir durch das Spielen jede Aufgabe mit Freude und kraftvoll erledigen.

Am Ende der Diskussion am Runden Tisch müssen wir unsere Eindrücke miteinander teilen und reflektieren. Das Reflektieren lehrt uns, wie wir eine gesunde Zelle im sozialen Körper (oder Organismus) werden können.

Das Reflektieren ist die Verarbeitung und das Verstehen des Prozesses, den wir durchlaufen haben, mit dem Ziel, das am Runden Tisch Erlebte zu analysieren und die Erfahrung und den emotionalen Eindruck in eine bewusste Zusammenfassung zu überführen. Die Reflexion ebnet auch den Weg für die nächste Begegnung. Manchmal ist die Reflexion wichtiger als die Aktivität selbst. Ohne eine gemeinsame verbale Analyse der erlebten Aktivität werden die Teilnehmer das Spiel oder die Diskussion nicht als sinnvolle Erfahrung aufnehmen und sie möglicherweise vergessen.

Wann soll das Reflektieren erfolgen?

Das Reflektieren kann in jeder Phase der Veranstaltung stattfinden. Die wichtigste Regel lautet: Je wichtiger das Thema ist, mit dem die Gruppe konfrontiert ist, desto mehr Zeit sollte der Reflexion gewidmet werden.

Wie wird ein Reflektieren durchgeführt?

Das Reflektieren, die Reflexion, erfolgt nach den Regeln des Runden Tisches. Jeder Teilnehmer äußert der Reihe nach seine Meinung über das Geschehene, ohne den Vorredner abzulehnen oder abzutun, sondern er ergänzt nur die Worte des Vorredners so gut er kann. Das Ziel ist es, ein gemeinsames Bild zwischen den Teilnehmern zu schaffen; daher sollte jeder verstehen, dass seine persönliche Meinung nur eine von vielen ist. Während der Reflexion sollte ein Sekretär ernannt werden, der die Worte der Teilnehmer aufzeichnet, während der Moderator die Teilnehmer durch präzise Fragen anleitet.

Zusammenfassend lässt sich sagen, dass wir am Runden Tisch neue Beziehungen aufbauen und diejenigen erneuern, die zerbrochen sind. Das Gefühl, dass wir miteinander verbunden sind, ist das wichtigste Ergebnis, denn durch den Aufbau dieser Verbindungen wird uns eine neue Welt offenbart, in der alle Teile miteinander verbunden sind. Eine Diskussion am Runden Tisch lässt uns erkennen, dass der Grund für all die

Widersprüche, die in unserer heutigen Welt zutage treten, die fehlende Verbindung zwischen uns ist.

Wir werfen Lebensmittel weg, während Menschen verhungern. Wir entwickeln fortschrittliche Medizin parallel zu Massenvernichtungswaffen. Eine Handlung widerspricht der anderen. Nur wenn wir unsere Weltsicht von einer egoistischen zu einer integralen, allumfassenden Sichtweise ändern, wird sich alles zum Guten wenden. Genau das ist das Ziel, das an den Runden Tischen erreicht wurde.

Durch die Methode des Runden Tisches verändern wir uns und beginnen, den anderen zu verstehen und uns mit ihm zu identifizieren, wir sind miteinander verbunden und wir respektieren die Meinung des anderen. Wir hören auf, uns allein und losgelöst von anderen zu fühlen, und deshalb lösen wir Probleme in Zusammenarbeit und nicht durch egoistische Kämpfe. So können wir sehr schnell zu einer guten Lösung kommen. Ein Problem, das in der Vergangenheit unlösbar schien, scheint nun lösbar und in Reichweite zu sein. Dies ist kein Wunder, sondern das Ergebnis von Ganzheitlichkeit, einer Verbindung zwischen den Teilnehmern am Runden Tisch und der Natur, die von uns diese Veränderung erwartet.

Auf diese Weise werden alle Widersprüche in unserem Leben verschwinden, wir werden nur noch gesunde und notwendige Produkte herstellen, wir werden aufhören, Waffen zu produzieren, und wir werden die

Kosten für den Unterhalt von Polizei, Gefängnissen und Anwälten senken. Die Ressourcen werden zur Verfügung stehen, um den normalen Konsum für alle Menschen zu gewährleisten, und als Ergebnis werden wir freie Zeit und Ressourcen haben, und die Menschen werden in der Lage sein, ihr persönliches und soziales Potenzial durch einen harmonischen Lebensstil zu verwirklichen.

Führung und Vorbereitung auf die integrale Welt sind für uns heute unerlässlich; ohne sie haben wir einfach keine Zukunft. Wenn wir uns nicht mit guten Beziehungen zwischen uns verbinden wollen, wird die Natur es uns aufzwingen. Lohnt es sich, auf die Schläge zu warten? Der Nutzen des Runden Tisches ist unbestreitbar. Er bringt Verständnis, Vertrauen, Anteilnahme, Liebe und ein wachsendes Bewusstsein für die Intensität unserer gegenseitigen Abhängigkeit. In dem Maße, wie die Runden Tische mehr und mehr immaterielle Ergebnisse hervorbringen, wird es für die Menschen leichter sein, auch materielle Ergebnisse wie Vereinbarungen, Aktionspläne oder gemeinsame Projekte zu erzielen.

Zusammenfassend lässt sich sagen, dass die Methode des Runden Tisches keine Methode ist, um schnelle Lösungen für Probleme zu finden, sondern ein Mittel, um tiefgreifende und bedeutende Veränderungen herbeizuführen. Wir haben diese Vorteile aus unserer eigenen Erfahrung bei der Anwendung dieser Methode sowie aus den Erfahrungen anderer, die sie angewandt haben, kennengelernt.

Grundsätze für die Teambildung

Eine Gruppe ist eine Handvoll Menschen, deren gemeinsame Ziele sie verbinden. Menschen schließen sich in Sportmannschaften zusammen, um Spiele zu gewinnen, in Wirtschaftsteams, um Geld zu verdienen, in Gemeinschaften, um gemeinsame Interessen zu verfolgen, und in religiösen und spirituellen Gruppen, um im Glauben zu wachsen. Kurz gesagt, eine Gruppe ist ein Mittel, um ein bestimmtes Ziel zu erreichen.

Der Aufbau einer Gruppe erfolgt in mehreren Schritten:

Der erste Schritt ist das Kennenlernen aller Mitglieder der Gruppe. Am Anfang gibt es keine Verbindung zwischen den Menschen, und jeder ist mit seinen eigenen Bedürfnissen und Problemen beschäftigt. Wir müssen den Zweck des Aufbaus der Gruppe erläutern und erklären, woher das Bedürfnis kommt, an der Gruppe teilzunehmen. Der erste Schritt beim Aufbau einer Gruppe besteht darin, eine herzliche Beziehung zwischen den Teilnehmern zu schaffen, die Trends und Gesetze der Natur zu verstehen, das Wesen der Qualität der Einheit zu begreifen und die gegenseitige

Verbindung zwischen den Gruppenmitgliedern zu verstehen und zu spüren.

Der zweite Schritt besteht darin, das Gefühl zu erlangen, die Verbindung zu verlieren. Bei einer Diskussion über die Aktualität von Konflikten entstehen Meinungsverschiedenheiten. An diesem Punkt ist es wichtig, eine allgemeine Diskussion zu führen, die es den Teilnehmern ermöglicht, sich ehrlich und unbefangen auszudrücken. Die Teilnehmer müssen ihre eigene Natur genau kennenlernen und erkennen, dass ihr Verhalten egozentrisch ist. Der Egoismus muss anhand von Beispielen aus der unbelebten, vegetativen und belebten Natur und insbesondere aus der menschlichen Natur erforscht werden. Ziel ist es, die zerstörerische Kraft des Egoismus zu entdecken, indem das Verhalten von Menschen außerhalb der Gruppe und die Beziehungen innerhalb der Gruppe untersucht werden. Das ist Selbstkritik und Selbstanalyse, die jeder kennen muss, um sie gut durchführen zu können. Sie müssen alles und jedes Detail über sich selbst verstehen und erklären können, sowie Lehren aus der Vergangenheit und der Gegenwart ziehen und diese dokumentieren und beschreiben.

Der dritte Schritt ist der praktische Aufbau der Gruppe. Die Gruppenmitglieder legen die Regeln und Verhaltensnormen fest, die sie in Zukunft befolgen werden. Wir müssen ein positives Mikroklima schaffen und den Geist der Gruppe kultivieren. In der Gruppe sollte immer ein warmes und freundliches Verhältnis herrschen. Die Gruppe ist wie eine Familie, also gibt es auch „familiäre" Werte wie gegenseitige Hilfe und die Bereitschaft, viel für den anderen zu tun.

Der vierte Schritt ist der Aufbau einer Umgebung und der laufenden Aktivitäten der Gruppe. Wenn wir die Prinzipien der Gruppenbildung gelernt und verstanden haben und sie mit Hilfe verschiedener Übungen emotional erfahren haben, können wir damit beginnen, über die Auswirkungen der Umgebung auf den Menschen zu sprechen. Zu diesem Zeitpunkt sollten die Teilnehmer die Gesellschaft, in der sie sich befinden, bereits zu schätzen wissen. Sie verstehen bereits, dass die Gruppe ein Labor, ein Werkzeug ist, das die Eigenschaften, Merkmale und Neigungen, die einem Menschen innewohnen, potenziell verändert. Nur die Gruppe kann positive Emotionen im Menschen hervorrufen, den Zustand, in dem sie sich befindet, verändern, ihr Verhalten verbessern und ihre Gedanken ordnen. Die Gruppe ist ein Netzwerk von Knoten, eine Art „Super-Kreatur", ein Wesen, das größer ist als die Summe seiner Teile. Die Gruppe ist keine Struktur, die künstlich aufgebaut und organisiert wird. Sie ist ein Modell, das in der Natur existiert. Wenn wir uns mit dem Feld der Gruppe verbinden, so wie wir uns mit dem Internet verbinden, wird die Gruppe als Leiter dienen und ihren Mitgliedern all die positiven Wirkungen vermitteln, die sie brauchen.

Der fünfte Schritt ist eine praktische Tätigkeit, die aus dem Bedürfnis resultiert, Wissen an andere weiterzugeben. Im letzten Schritt der Gruppenbildung wird die Gruppe zu einem Ganzen, sie ist effizient organisiert und in der Lage, ihre Ziele zu erreichen. In dieser Phase müssen wir darauf abzielen, alle Mitglieder zu Gruppenmoderatoren (Integratoren) auszubilden, damit auch sie in Zukunft weitere Gruppen bilden können, denn das „Produkt", das sie untereinander aufbauen, kann nicht einfach so übertragen werden, sondern nur durch Lernen. Die Gruppe versteht, dass die Lösung aller Probleme nur in der Einheit liegt; dieses neue und tiefe Verständnis sollte sie verpflichten, zum Wohle aller zu handeln.

Das Modell beschreibt in geordneter Weise, Schritt für Schritt den Prozess der Gruppenentwicklung, aber wir wissen, dass die Realität viel komplexer ist. Das Management von Beziehungen und Aufgaben ist keine einfache Herausforderung. Viele Gruppen entwickeln sich nur langsam und gehen manchmal sogar einen oder zwei Schritte zurück, vor allem wenn sich die Aufgabe ändert oder die Teammitglieder wechseln. Deshalb ist es sehr wichtig, einige Grundsätze zu beachten, damit der Prozess der Gruppenbildung erfolgreich verläuft.

Der erste Grundsatz besteht darin, die Bedeutung von Meetings immer wieder künstlich zu erhöhen und zu betonen, dass jedes Ziel nur gemeinsam erreicht werden kann. Es ist sehr wichtig, sich aktiv an jeder Sitzung sowie an allen Gruppenveranstaltungen zu beteiligen.

Der zweite Grundsatz besteht darin, Gleichheit zu schaffen. Wir sehen deutlich, dass wir alle unterschiedlich sind. Jeder Mensch hat ein anderes Potenzial, und doch sind wir alle gleich, weil jeder von uns mit der ganzen Kraft und Einzigartigkeit, die ihm oder ihr von der Natur gegeben wurde, auf unser gemeinsames Ziel hinarbeitet. Deshalb gibt es unter uns keine Großen und Kleinen oder Erfolgreichen und Erfolglosen, denn wir alle versuchen, uns mit jedem zu verbinden und so viel wie möglich darin zu investieren. Die Gleichheit zeigt sich darin, dass jeder nach dem Maß seiner körperlichen, inneren und moralischen Fähigkeiten investiert und nach dem Maß seines Beitrags erhält. Demnach erhält jeder nach dem Maß seines Beitrags.

Der dritte Grundsatz ist die Wahrung des Charakters eines jeden Mitglieds, damit es seine Individualität nicht verliert. Die Individualität eines jeden kann gerade durch seinen Beitrag zum Zusammenhalt in der Gruppe zum Ausdruck kommen. In jeder Gruppe sollte es ein diensthabendes Mitglied geben, das dafür verantwortlich ist, die Stimmung und Motivation der Gruppe zu heben und eine gute Gesamtatmosphäre aufrechtzuerhalten. Jeder kann seine Einzigartigkeit und die ihm von der Natur gegebenen Eigenschaften nutzen, um die Stimmung in der Gruppe zu heben.

Der vierte Grundsatz lautet, dass die beste Art der Verbindung zwischen den Mitgliedern der Gruppe darin besteht, sie durch das persönliche Beispiel zu demonstrieren. Wir müssen immer jede Handlung loben, die die Gruppe stärkt. Um ein positives Beispiel zu geben, ist es wichtig, die Handlungen und Absichten für den Zusammenhalt der Gruppe bewusst hervorzuheben und sie nicht herunterzuspielen. Jeder muss den anderen zeigen, dass er sie respektiert, dass er sich bemüht, ihnen zuzuhören und sie zu verstehen. So gibt er ihnen ein Beispiel und zeigt ihnen, wie sie ihn behandeln sollten.

Der fünfte Grundsatz lautet, dass jedes Mitglied der Gruppe danach streben sollte, „die Freunde zu kaufen". „Dies ist ein uralter Grundsatz, über den viele Weisen aller Generationen geschrieben haben. Was sollte bezahlt werden, wie kauft man einen Freund? Auf jede erdenkliche Weise mit Geschenken, Worten, Taten und Gedanken. Durch meine Einstellung kaufe ich die Freunde und ihre Unterstützung. Dieses Prinzip funktioniert wie eine Versicherungspolice; jeder trägt seinen Teil bei und erhält bei Bedarf die volle Unterstützung.

Der sechste Grundsatz lautet, dass jeder den anderen nach dem Ausmaß seiner eigenen Fehler beurteilt („wer sich disqualifiziert, disqualifiziert sich durch seine eigenen Fehler"). Dies ist ein sehr altes Prinzip. Im Moment der Wahrheit, wenn ein Gruppenmitglied offensichtliche Fehler in einem anderen sieht, sollte er erkennen, dass er sie nur aufgrund seiner eigenen gestörten Wahrnehmung so sieht. Wenn alle Anwesenden verstehen, dass jeder in den anderen seine eigenen Unvollkommenheiten und Fehler sieht, wird jeder allmählich begreifen, dass in Wirklichkeit jeder von ihnen nur sich selbst sieht. Das Ergebnis wird sein, dass jedes Mitglied der Gruppe allmählich beginnen wird, seine Einstellung gegenüber den anderen zu ändern.

Der siebte Grundsatz besteht darin, keine Intrigen und Gerüchte in der Gruppe aufkommen zu lassen. Kritik ist nur zu bestimmten Zeiten und nach besonderer Vorbereitung möglich. In der Anfangsphase einer Gruppenbildung ist es am besten, Kritik nicht direkt, sondern über Vertreter zu äußern. Generell ist es besser, die Grenzen des Diskurses im Voraus festzulegen, um keine Themen anzusprechen, die zu Konflikten führen können, wie z. B. Fragen im Zusammenhang mit der Nationalität, der Religion oder der Familie. Jeder ist für jedes Wort verantwortlich, das in der Gruppe gesagt wird, und wir müssen daran denken, dass wir mit unseren Gedanken und Handlungen die ganze Gruppe beeinflussen. Leichtsinn ist sehr schädlich. Er zerstört alle Versuche, die richtigen Verbindungen herzustellen und stört die Bildung der Gruppe.

Der achte Grundsatz besagt, dass es unerlässlich ist, den Geist der Gruppe zu stärken. In Gruppensitzungen sollte man versuchen, über persönliche Gefühle hinauszugehen und sich bemühen, mit den anderen Mitgliedern zu interagieren, ohne auf die reale Situation zu achten, in der sie sich befinden. Das heißt, wir müssen so tun, als befänden wir uns bereits in der Situation, die wir erreichen wollen. Zu spielen, dass wir uns in einem höheren Zustand befinden, zieht Kräfte an, die uns verändern. Die Regel „Gewohnheit wird zur zweiten Natur" hilft uns und ermöglicht uns, auf diese Weise zu handeln. Die Vorbereitung ist der Schlüssel. Auch wenn Konflikte auftreten, müssen wir sie besprechen und sie als notwendige Phänomene für den Aufbau der Gesellschaft behandeln. Hier ist der Einfluss der Umwelt sehr wichtig, denn das Wesen der Methode besteht darin, anhand der Beschreibung der Zusammenhänge richtige Zusammenhänge zu modellieren und zu versuchen, sie mit allen möglichen Mitteln zu erreichen. Wir müssen begreifen, dass wir uns ständig weiterentwickeln und neue Stufen der integralen Interaktion aufbauen.

Der neunte Grundsatz ist die Empfehlung, keine Beziehungen zwischen den Gruppenmitgliedern zu unterhalten, die mit Geld zu tun haben, wie z. B. Finanzkredite oder die Erbringung von Dienstleistungen für andere. Wir sind dabei, herzliche Beziehungen zwischen uns aufzubauen, und eine Beziehung, die mit Geld zu tun hat, kann zu unerwünschten Konflikten führen. Wenn zwei Gruppenmitglieder eine finanzielle Beziehung eingehen, handelt es sich nicht mehr um eine Gruppe, sondern um eine freundschaftliche

Beziehung zwischen ihnen. Wenn ich ein Manager bin und ein anderes Mitglied mir unterstellt ist, können wir nicht mehr Mitglieder derselben Gruppe sein, weil das Grundprinzip der Gleichheit nicht mehr besteht.

Der zehnte Grundsatz ist, dass wir ein Gefühl der gegenseitigen Verantwortung, der gegenseitigen Bürgschaft gegenüber der Gruppe entwickeln sollten. Jeder sollte sich bemühen, ein Integrator (Verbindungsglied und verantwortliches Mitglied der Gruppe) zu sein; jeder sollte das Gefühl haben, dass die Verbindung der Gruppe von ihm abhängt. Dies ist der wichtigste Grundsatz, der ständig gestärkt werden muss.

Naturgesetze und Gesetze der Gesellschaft

Jede Lebensform ist auf Vereinigung/Verbindung aufgebaut. Nach dem Urknall begann eine Periode der großen Einheit, aus der das Universum hervorging. Im Allgemeinen sagen die Wissenschaftler, dass die Partnerschaft, die Tendenz, sich zu verbinden und zusammenzuarbeiten, eines der großen Kennzeichen unseres Lebens ist. Es ist jedoch nicht ratsam, die Natur als ideales Modell für den Aufbau sozialer Systeme zu betrachten. Obwohl das Zusammenleben und die Zusammenarbeit in der Natur bewundernswert sind, ist es nicht möglich, diese Muster direkt auf die menschliche Gesellschaft zu übertragen, weil die natürliche Entwicklung in der Gesellschaft nicht ideal ist. In der menschlichen Gesellschaft herrscht ein harter Wettbewerb. Wir müssen uns Beispiele aus der Natur nehmen und sie an die Entwicklung der Gesellschaft anpassen.

In den Gesetzen der Physik, der Chemie und der Biologie sehen wir eine absolute und strenge Beständigkeit. Zum Beispiel arbeiten alle Körpersysteme in Homöostase und regulieren die Aufrechterhaltung des Körpers in einem stabilen Zustand in Bezug auf die Umwelt. Es gibt einen Informationsaustausch und eine gegenseitige Verbindung zwischen allen Organen des Körpers. Was wäre, wenn wir davon ausgehen, dass wir soziale Beziehungen nach denselben Prinzipien aufbauen sollten? Im Laufe unserer Evolution haben wir bereits alle sozioökonomischen Formen ausprobiert.

Es ist an der Zeit, mit dem Prinzip der gegenseitigen Bürgschaft zu experimentieren, welches das Grundgesetz aller Lebewesen ist.

In der Natur gibt es ein Gesetz, das besagt, dass „die allgemeine Regel und das Detail gleich sind". Das bedeutet, dass wir vom Studium des Einzelnen auf die Regel schließen können. Wenn ich etwas als Ganzes erreiche, kann ich mich auch mit jedem Teil davon beschäftigen. Unser Gehirn ist nicht in der Lage zu verstehen, dass ein Teil des Ganzen dem Ganzen gleich ist.

Damit die Menschen miteinander in Kontakt treten können, müssen die Regeln des Empfangens und des Gebens befolgt werden, das heißt, das Gesetz des Gebens und das Gesetz des Empfangens. Aus Sicht der Gesellschaft besagt das Gesetz des Empfangens, dass jedes Mitglied der Gesellschaft alle seine Bedürfnisse von der Gesellschaft erhalten muss, und das Gesetz des Gebens besagt, dass man der Gesellschaft alles geben muss, was man geben kann. Das ist ein inneres Kalkül: meine Absicht, wem gebe ich, und welchen Nutzen ziehe ich daraus. Die Notwendigkeit, das Gleichgewicht aufrechtzuerhalten, verlangt von jedem Einzelnen in der Gesellschaft, altruistisch zu handeln. Wer dieses Lebensprinzip nicht befolgt, verletzt das Gleichgewicht.

Alle Lebewesen, außer dem Menschen, haben einen inneren Plan zur Aufrechterhaltung des Gleichgewichts. Der Mensch ist das einzige Lebewesen, das nicht nach diesem Plan handelt. Infolgedessen wissen wir nicht, welche Gesetze in der Gesellschaft gelten sollten. Das Fehlen eines Programmes für das Gleichgewicht hat dazu geführt, dass sich unsere Evolution in eine egoistische Richtung bewegt hat. Von allen Lebewesen der Natur sind wir die einzigen, die in der Lage sind, andere mit der Absicht zu behandeln, ihnen zu schaden, sie auszubeuten und sich sogar an ihrem Leid zu erfreuen. Der menschliche Egoismus ist die einzige zerstörerische Kraft, die es auf der Welt gibt, aber er ist auch der Grund dafür, dass wir uns entwickelt haben. Die Weisheit liegt darin, einen Weg zu finden, der es uns erlaubt, den Egoismus weise zu nutzen.

Der Mensch muss alle ihm innewohnenden Eigenschaften, Neigungen und Merkmale richtig und harmonisch kombinieren und sie in den Dienst der Evolution stellen. Die Natur verlangt von uns eine perfekte Kommunikation, in der jeder mit maximaler Hingabe arbeitet und erhält, was er braucht.

Liebe als Naturgesetz

Die Liebe ist das stärkste innere Gefühl, das in der Verbindung mit anderen Menschen empfunden wird. Die altruistische Kraft der Liebe ist eine Urkraft und von größter Bedeutung, weil hier die weise und schöpferische Wurzel, die „Kraft der Schöpfung", zu finden ist. Diese Kraft hat das Universum erschaffen und ihm eine systematische Form gegeben.

Das Wort „Liebe" ist universell und umfasst viele ähnliche Empfindungen und Gefühle in einem einzigen Begriff. Ich liebe mein Kind, meine Arbeit und schöne Lieder; eine Vielzahl von Gefühlen wird mit einem Wort ausgedrückt.

Die Liebe auf der physischen, egoistischen Ebene, das heißt, die menschliche und natürliche Liebe, beruht auf dem Wohl des einen auf Kosten des Wohls der anderen. In der gewöhnlichen menschlichen Liebe denkt der Mensch wenig an den anderen, er denkt vor allem an sich selbst, daran, wie gut es für ihn ist, wenn das geliebte Objekt neben ihm ist und ihm gehört.

In der Natur gibt es auch die wahre, absolute Liebe; das bedeutet, dass man sich um den anderen kümmert und nicht um sich selbst, dass man sich im anderen auflöst und nach dessen Wünschen lebt.

Die meisten Soziologen sind der Meinung, dass nur wenige diese absolute Liebe erreichen können, da sie eine grundlegende und bedeutende Veränderung unseres Bewusstseins voraussetzt, die ohne äußeren Eingriff nicht möglich ist. Eine solche Liebe ist göttliche Liebe, absolute Liebe. Mit anderen Worten, die Liebe des Gebens.

Wie können wir uns jemals auf unser Verlangen zu geben und die Liebe zu geben ausrichten, wenn wir es unbewusst und instinktiv lieben zu empfangen und uns selbst zu spüren? Ich verspüre ständig den Drang zu prüfen, was ich noch empfangen kann. In allen möglichen Situationen unter den gegebenen Umständen kalkuliere ich, wie ich die optimale Situation erreichen kann, und in jeder Lebenslage werde ich immer das maximale Vergnügen bei minimalem Aufwand wählen. So sind wir programmiert, und so funktioniert jede Zelle in unserem Körper.

Wie können wir den gegenteiligen Zustand erreichen, in dem der „Wunsch zu geben" die gleiche Freude in uns weckt, so dass wir uns in jedem Moment automatisch dafür entscheiden, das Beste zu geben? Wie können wir geben? Wenn wir auf natürliche Weise ein Gefühl der Freude am Geben erfahren würden, würden wir geben. In einer solchen Situation würden wir aber auch geben, um Freude zu empfinden, das heißt aus verdecktem, materiellem Egoismus. Die Menschen geben im Leben viel, um Freude zu empfangen. Wir arbeiten ständig daran, unsere Arbeit gegen ein gewisses Vergnügen wie Komfort oder Erfüllung einzutauschen.

Wie können wir über unsere Natur herausschreiten, damit das Geben und das Gefühl der Liebe nicht egoistisch sind? Wir können das Gefühl der Liebe nicht den Ebenen des Unbelebten, Vegetativen und Belebten zuordnen. Obwohl die Zellen im Körper für den gesamten Organismus arbeiten, kann die Kombination der Moleküle nicht als Liebe bezeichnet werden, und auch die verschiedenen Empfindungen der Tiere können nicht als Liebe bezeichnet werden, da die Tiere genetisch durch Gesetze des Instinkts definiert werden. Nur dort, wo Wahlfreiheit besteht, wo wir unsere egoistische Natur bewusst überwinden müssen, ohne auch nur den geringsten Nutzen für uns selbst zu haben, können wir von Liebe sprechen.

Man kann die absolute Liebe testen, indem man prüft, worauf unsere Aufmerksamkeit gerichtet ist: Wo fühle ich meine Freude, in mir oder in einem anderen? Versuche ich mit meinen Handlungen einem anderen Freude zu bereiten, zu spüren, wie er sich freut, und freue ich mich dadurch und bin erfüllt? Das lässt sich ganz leicht überprüfen, denn die Eigenliebe ist unsere natürliche Eigenschaft und kann immer gemessen und mit der Haltung gegenüber dem anderen verglichen werden. Nicht umsonst haben die Weisen schon vor Tausenden von Jahren gesagt, man solle seinen Nächsten lieben wie sich selbst.

Normalerweise denkt man, dass zwischen Liebe und Hass nur ein Schritt liegt, und so ist es auch. Warum liegen so unterschiedliche und starke Gefühle so nahe beieinander? Wissenschaftler sagen, dass der Faktor, der diese beiden gegensätzlichen Empfindungen vereint, die Wichtigkeit des Objekts der Emotionen ist, und die Wichtigkeit lässt Abhängigkeit und Furcht aufkommen. Ein Mensch denkt ständig an das Objekt seiner Liebe. Dasselbe gilt für den Hass, nur dass in diesem Fall die Gedanken zerstörerischer Natur sind. Das bedeutet, dass Liebe und Hass so ähnliche Empfindungen sind, dass wir leicht vom einen zum anderen übergehen. Je stärker die Liebe und die Verbindung, desto intensiver die Furcht und das Leiden, und die Liebe kann sich innerhalb weniger Sekunden in Hass verwandeln. Auch das Gegenteil ist der Fall, großer Hass ist großer Liebe ähnlich.

Liebe und Hass können in einem Menschen gleichzeitig zum Ausdruck kommen. Die Liebe muss den Hass überdecken, damit man trotz der natürlichen Ablehnung eine Beziehung zum anderen hat, die ihn erfüllt, und so kommt man ihm näher. Einen völlig fremden Menschen als einen Teil von mir zu empfinden, ist ein feinsinniges und sehr deutliches Gefühl. Diese Verwandlung liegt in der Haltung gegenüber dem anderen. Sie geschieht allmählich nach dem Prinzip vom Einfachen zum Komplexen, von den uns nahestehenden Menschen zur ganzen Menschheit. Dabei verschwindet meine egoistische Ablehnung keineswegs, sie wird lediglich von dem altruistischen Wunsch überdeckt, den ich mir bewusst gemacht habe. Und was am wichtigsten ist, dass ich keine Belohnung oder Gegenleistung erwarte. Man kann immer weiter darüber reden, aber es ist besser, es wenigstens einmal zu spüren.

Die innere Welt des Menschen

Die innere Welt eines Menschen setzt sich aus verschiedenen inneren Erfahrungen, Gedanken und Gefühlen zusammen. Die innere Welt ist das, was jeden Menschen ausmacht und seinen Charakter bestimmt. Ein Gefühl ist eine unbewusste Reaktion auf eine Situation. Angst, Spannung, Wut, Aggression, Lachen - all das entsteht unverzüglich als Folge einer Situation und vergeht auch schnell wieder. Innere Gefühle erwachen langsam, dauern lange an und vermitteln ganz andere Empfindungen.

Die meisten von uns kennen das Gefühl des Neides, ein unangenehmes Gefühl, das durch eine gereizte Reaktion auf den Erfolg und das Wohlergehen anderer hervorgerufen wird. Es ist erwähnenswert, dass das Gefühl des Neides die Menschen überall und jederzeit begleitet. Es ist eigentlich eine besondere Art der Kommunikation zwischen Menschen, die mir zeigt, dass jemand anderes in meiner Umgebung in einer besseren Position ist als ich. Der Vergleich zwischen diesen beiden Situationen, meiner und der des anderen, erzeugt das Gefühl des Neides, der Eifersucht.

Eifersucht ist Bestandteil des Evolutionsprozesses. Nicht umsonst schrieben die Weisen: „Eifersucht auf die Schreiber bringt Weisheit hervor". Wenn ich auf die Weisen schaue, treibt mich meine Eifersucht auf sie an, Wissen zu erwerben, um ihnen gleich zu werden. Das Wichtigste ist, dem Gefühl der Eifersucht die richtige Absicht zu geben, dann wird es uns stärken, anstatt uns zu zerstören. (Die richtige Absicht wäre vielleicht die Inspiration, wobei die Eifersucht zum Positiven geändert werden kann).

Das Thema Respekt und Respektlosigkeit ist sehr alt. Wir alle kennen Sprüche wie „Die verlorene Ehre wiederherstellen" oder „Furcht bedeutet Respekt". Warum ist es so wichtig für uns, respektiert zu werden? Warum ist Respekt von anderen wichtiger als Geld, um sich im Leben glücklich zu fühlen? Alle unsere Beziehungen beruhen darauf, dass wir von anderen bewundert werden.

Respekt ist ein positives Gefühl, aber manchmal können Respekt und Bewunderung die Entwicklung des Menschen einschränken. Wenn ein Mensch egoistisch Respekt einfordert, verschließt er sich selbst. In einem solchen Fall ist der Respekt sehr destruktiv und untergräbt sogar die menschliche Entwicklung. Komplimente und positive Kritik beruhigen den Menschen, berauben ihn der Selbstkritik und verdunkeln sein Bewusstsein für das Böse in seiner egoistischen Natur. Natürlich ist es manchmal schön, positive Kritik über sich selbst zu hören, aber es ist sehr wichtig, eine Selbstkontrolle zu entwickeln und ein starkes Umfeld aufzubauen, das einem Menschen jederzeit einen klaren Hinweis geben kann.

Angst ist ein sehr starkes Gefühl; sie ist ein natürlicher Instinkt, der auf Selbstverteidigung beruht. Es ist unmöglich, die Angst loszuwerden, aber es ist möglich, den Verstand „auszuschalten". Es fehlt uns immer etwas, und das Gefühl des Mangels macht uns Angst. Schließlich kann der Mensch nicht alle seine Bedürfnisse selbst befriedigen, aber die Gesellschaft kann dies tun. Das bedeutet, dass man nur durch den Kontakt mit der Gesellschaft die Angst loswerden kann. Die Gesellschaft kann einem Menschen so viel Vertrauen und Unterstützung geben, dass die Angst bis zu einem gewissen Grad verschwindet. Wenn andere Menschen für mich bürgen, verschwindet meine Angst. Es ist sehr schwierig für den Menschen, dies selbst zu tun. Es kann nur mit Hilfe einer speziellen Technik und nur in begrenztem Umfang erreicht werden.

Freude ist eine der wichtigsten positiven Emotionen des Menschen, sie ist ein inneres Gefühl der Zufriedenheit, des Vergnügens und des Glücks. Die Sprache der Emotionen ist sehr dürftig, so dass wir mit dem Wort „Freude" viele verschiedene Situationen ausdrücken, zum Beispiel die Freude über einen Film, über gute Arbeit, über die Brüderlichkeit von Freunden und vieles mehr. Es ist immer möglich, mehr Freude hinzuzufügen; es gibt nie genug davon. Freude ist ein Gefühl der Fülle, aber wenn unsere Wünsche erfüllt sind, beginnen wir allmählich, Leere zu spüren. Hier gibt es ein Patent: Wir müssen das Gefühl der Freude von dem Objekt, das uns Freude bereitet, trennen. Wenn sich jemand beispielsweise über die Leistungen seines sich ständig weiterentwickelnden Kindes freut, wird diese Freude nicht vergehen. Die Freude über die eigenen Erfolge verschwindet jedoch sehr schnell. Mit anderen Worten: Wenn die Freude von einer äußeren Quelle ausgeht, kann sie lange anhalten und fast unendlich sein.

Emotionen, wie zum Beispiel Gefühle der Freundschaft oder Kameradschaft, können entwickelt und kontrolliert werden. Es ist ein bewusster Prozess. Im Gegensatz dazu sind grundlegende Emotionen wie Angst, Wut, Traurigkeit, Ekel, Überraschung, Vorfreude, Vertrauen und Freude komplexer. Diese Gefühle entstehen als unbewusste Reaktion in der Interaktion mit anderen Menschen. Alle unsere Wünsche werden durch Gefühle und Tatsachen ausgedrückt, entsprechend dem uns innewohnenden Prinzip, ein Maximum an Freude zu erhalten und Leiden zu vermeiden. Emotionen zu kontrollieren bedeutet im Grunde, sie zu transzendieren.

Es ist gerade der Verstand, der uns hilft, die emotionalen Informationen zu verarbeiten, das heißt den Nutzen von Emotionen zu verstehen. Das gesamte Gehirn arbeitet nur mit dem Vergleich von Empfindungen, aber nach einem genau definierten

Plan, um einen Gewinn zu erzielen oder um Wünsche zu erfüllen. Je entwickelter ein Mensch ist, umso versierter kann er seine Wünsche erfüllen. Daher sind die Wünsche und ihre Äußerungen als Emotionen primär, der Verstand sekundär.

Eine der wichtigsten wissenschaftlichen Fragen der Menschheit ist die Frage: Was ist Bewusstsein? Einfach ausgedrückt, ist das Bewusstsein die Weltanschauung eines Menschen. In der wissenschaftlichen Sprache gibt es Photonen, Lichtteilchen, die in unser Gehirn eindringen und Informationen über die Welt in Form von Wellen übertragen. Man kann sagen, dass es ein allgemeines Informationsfeld gibt, und je nachdem, wie unser Gehirn auf dessen Wirkung reagiert, entsteht bei einem bestimmten Menschen ein Gefühl des Bewusstseins. Die Umgebung bestimmt das Bewusstsein eines Menschen, so dass die Fähigkeit, sich selbst zu formen, darauf beruht, eine geeignete Umgebung zu finden.

Abschließend wollen wir noch die Absicht erwähnen, die der verborgenste Teil eines Menschen ist, auch vor ihm selbst. Dies ist die Ausrichtung des Bewusstseins, der Gedanken und Handlungen auf ein bestimmtes Ziel. Intentionen sind unsere inneren Motivatoren. Alle Menschen werden mit der Absicht geboren, für sich selbst zu genießen; das ist unser Wesen. Wenn wir im Laufe des Lebens an uns arbeiten, erwerben wir altruistische Absichten. Unser ganzes

Leben besteht aus der Berechnung: Für wen arbeite ich? Ist es für mich selbst oder für andere?

Wir stellen immer eine Berechnung an, die mit dem persönlichen Nutzen zusammenhängt. Wenn das Kalkül die grundlegenden Wünsche im Zusammenhang mit der Selbstverteidigung betrifft, ist es selbstverständlich. Auf einer höheren Ebene der Wünsche erfordern unsere egoistischen Absichten, auf Kosten anderer zu genießen, bereits eine Korrektur. Unsere innere Welt ist keineswegs einfach, und während der biologische Körper ohne unser Zutun funktioniert, müssen wir für die richtige Kommunikation mit anderen Menschen uns selbst erforschen.

Das Wesen der menschlichen Beziehungen

Das Wesen der zwischenmenschlichen Beziehungen liegt in der Entstehung einer allgemeinen Situation, die von Erfahrungen begleitet wird, wenn in jedem von uns ein völlig neues Gefühl entsteht, ein Gefühl für die Wahrnehmung des anderen. Menschliche Beziehungen beruhen auf der Kommunikation zwischen Menschen und dem Austausch von Informationen zwischen ihnen in den Beziehungen zwischen Individuen. Die Medien sind von überragender Bedeutung und wir müssen sie entwickeln und pflegen. Jedes Beziehungssystem beinhaltet den Austausch von Ideen, Gedanken, Absichten, Gefühlen und Informationen. Kommunikation ermöglicht den gegenseitigen Austausch von Aktivitäten und Interessen. Auf diese Weise bilden und definieren sich die Menschen und entdecken ihre persönlichen Eigenschaften.

In der unbelebten Welt – Steine, Berge usw. handelt es sich um Schwingungsvorgänge; die vegetative Natur ist durch Gerüche gekennzeichnet, und Tiere übermitteln Gefühle durch Töne. Neben der Sprache hat der Mensch auch die einzigartige Fähigkeit, abstrakt zu denken; Wissenschaftler sagen, dass diese Fähigkeit uns menschlich macht. Diese Fähigkeit wurde uns in die Wiege gelegt, damit wir in unserer Welt eine besondere Art von Informationen übermitteln können, die auf herkömmliche Weise nicht übertragen werden.

Tiere und Pflanzen können Gerüche oder Geräusche aussenden, um sich gegenseitig vor Gefahren zu warnen oder um Informationen untereinander zu übermitteln. Menschen können sich hinsetzen und stundenlang über Dinge sprechen, die sie nie gesehen oder gefühlt haben, wie Mythen, Fantasien und abstrakte Phänomene, die nichts mit der Realität zu tun haben. Im Laufe der Evolution entstanden neue Kommunikationsformen wie Malerei, Musik und Schrift, die uns Menschen auf eine Kommunikationsebene außerhalb des Zeitrahmens bringen.

Das wichtigste Element der menschlichen Beziehung ist die Verbindung zwischen Mensch und Natur. Das Grundprinzip der Beziehung zwischen Mensch und Natur ist sehr einfach: Die Eigenschaften des Menschen müssen sich der Natur annähern. Das bedeutet, dass wir zwei gegensätzliche Kräfte in uns ausbalancieren müssen - Egoismus und Altruismus, Plus und Minus, Empfangen und Geben, oder einfach gesagt, Gut und Böse. In der Natur sind diese Kräfte in der Homöostase vorhanden. Wenn wir uns richtig auf das Empfinden der Natur ausrichten, werden wir ihre Geheimnisse entdecken und ihre positive Wirkung spüren. Dieser gesamte Prozess findet in der Gesellschaft statt, in der wir die richtigen Verbindungen zwischen den Menschen herstellen. Darin liegt das gesamte Wesen der menschlichen Beziehungen.

Der Prozess der Verbindung beginnt in der Familie. Eine Familie ist keine künstlich geschaffene Organisation, sondern eine natürliche Zelle. Sie ist die Umgebung eines Menschen, die es ihm ermöglicht, in unserer Welt auf korrekte, normale und angenehme Weise zu existieren. Die Familie ist ein Mini-Modell der Gesellschaft, in dem wir die richtige Kommunikation lernen, um diese Fähigkeiten in der Zukunft auf die gesamte Menschheit anzuwenden.

Ein Mensch lernt im Laufe seines Lebens viele Menschen kennen, und heute kann man so viel mehr Menschen treffen als noch vor 100 Jahren. Was bewirken diese Verbindungen, die manchmal einmalig und scheinbar willkürlich sind? Wir sind alle in einem Netzwerk von Verbindungen miteinander verbunden, und die Begegnung mit jedem Teil des Netzwerks trägt in sich Informationen für mich, auf die ich antworten muss.

Die Harvard-Universität führte eine Längsschnittstudie durch, an der mehr als 700 Menschen über 75 Jahre alt, teilnahmen. Die Wissenschaftler haben versucht, die Hauptursache für das Glück im Leben der Menschen herauszufinden, und es stellte sich heraus, dass es die Beziehungen zu den Menschen sind. Die Menschen investieren viel Geld in medizinische

Behandlungen und Medikamente und viel Zeit in einen gesunden Lebensstil, doch der wichtigste Faktor, auch für die menschliche Gesundheit, ist die zwischenmenschlichen Beziehung.

Was hindert uns daran, einander menschlich zu behandeln, obwohl wir die Vorteile kennen, und warum sind wir dazu nicht in der Lage? Dieses Hindernis wurde von der Natur selbst zum Zweck unserer weiteren Entwicklung geschaffen. Unser Egoismus treibt uns in Kämpfe und Auseinandersetzungen, damit wir herausfinden, wer wir sind, was wir sind und warum wir leben. Sobald wir die Wertlosigkeit unseres egoistischen Wesens verstehen, werden wir uns bewusst verändern wollen.

Das Wesen unserer Beziehungen besteht im Grunde darin, von dem bestehenden egoistischen Beziehungsmodell enttäuscht zu sein und bewusst eine qualitativ bessere Form der Kommunikation aufzubauen. So wie vor Milliarden von Jahren, als die Zellen gezwungen waren, sich zu einem Organismus zu verschmelzen und ihre zelluläre Individualität aufzugeben, so müssen wir Menschen uns trotz aller Unterschiede und Vielfalt emotional, geistig und ideologisch verbinden. Nur in einem solchen Zustand werden wir wirklich glücklich sein.

Grundsätze der Moral und soziale Normen

Die Moral ist eine der Möglichkeiten, das Verhalten der Menschen in der Gesellschaft zu regeln. Die Kommunikation zwischen Menschen ist ohne die Einhaltung moralischer Grundsätze und sozialer Normen, deren Einhaltung durch die öffentliche Meinung, den inneren Glauben und das eigene Gewissen gewährleistet wird, kaum vorstellbar.

Wir wissen nicht genau, wann die Gesetze der Moral in der menschlichen Gesellschaft in Kraft getreten sind. Eines der Gleichnisse von König Salomo beschreibt ein klares System zur Umsetzung moralischer Normen. Konfuzius forderte seine Zeitgenossen auf, großzügig und barmherzig zu sein. Verschiedene moralische Fragen wurden auch von Pythagoras, Sokrates und Platon behandelt. Auch über die sozialen Normen des alten Babylon gibt es zahlreiche Informationen.

Die Ursprünge moralischer Normen sind vielfältig und können von der Tradition, dem Erbe, der öffentlichen Meinung oder dem Menschen selbst stammen. Was ist die Quelle oder wie wurde eine bestimmte Norm geschaffen? Das spielt für uns keine Rolle. Schließlich entwickeln wir uns ständig weiter, und es ist unsere Entwicklung, die die Verhaltensnormen und die sozialen Beziehungen zwischen uns bestimmt. Die Moral ist also das Ergebnis unserer geschichtlichen Entwicklung, und im Zentrum unserer Entwicklung steht der immer stärker werdende Egoismus. Es stellt sich heraus, dass die Quelle aller moralischen Normen ein hochentwickelter Egoismus ist, der darüber nachdenkt, wie er in seinem eigenen Interesse handeln kann.

Soziale Normen lassen sich in mehrere Arten unterteilen:

- **Verhaltensregeln**, zum Beispiel älteren Menschen in öffentlichen Verkehrsmitteln einen Sitzplatz anzubieten.
- **Rechtsnormen**, wie ein Rauchverbot in öffentlichen Räumen.
- **Religiöse, politische und ästhetische Normen.**

Eine wirklich moralische Norm wird erst dann zu einer solchen, wenn die darin enthaltene Forderung von den Menschen als ein inneres Gebot akzeptiert wird, das sie sich selbst auferlegen. Sonst kann uns nichts aufhalten, nicht einmal die Selbstzerstörung. Wir Egoisten haben keinen Hemmungsmechanismus, also helfen auch keine Verhaltensnormen. Sie regeln nur das Verhalten des Einzelnen, damit er die Bedürfnisse seiner Mitmenschen berücksichtigt.

Im Gegensatz zu einfachen Sitten und Gebräuchen (wie Geburtstagsfeiern, Hochzeiten oder die Rekrutierung von Soldaten) werden moralische Normen nicht nur dann respektiert, wenn es sich um eine akzeptierte Dauereinrichtung handelt, sondern auch, wenn sie von den Menschen als ideologisch gerechtfertigt angesehen werden. Die Festlegung moralischer Normen basiert auf wahren Grundsätzen, Idealen, Vorstellungen von Gut und Böse, Freundschaft und Brüderlichkeit, die von der Gesellschaft akzeptiert werden. Der Unterschied zwischen Normen und Gesetzen besteht darin, dass sich Normen entsprechend unserer Entwicklung ständig ändern, während sich Naturgesetze nie ändern. Daher sind moralische Normen für eine freiwillige und bewusste Ausführung bestimmt; sie sind nicht gesetzlich verankert, sondern werden nur auf Wunsch des Volkes respektiert. Es geht um die Notwendigkeit, den Menschen auf eine Ebene zu heben, auf der er erkennt, dass allein die Existenz dieser moralischen Normen ihn zum Erhalt von Be-oder Entlohnungen führt.

Die menschliche Gesellschaft verändert sich ständig und mit ihr auch ihre moralischen Normen. Es ist möglich, dass Phänomene, die früher nicht akzeptiert wurden, heute keine Kritik mehr hervorrufen. So sind beispielsweise Chauvinismus und Rassismus durch soziale Offenheit und Toleranz von sexuellen und nationalen Minderheiten ersetzt worden.

Die Herausbildung moralischer Grundsätze wird in hohem Maße durch Faktoren wie Religion, spirituelle Lehren, Kultur, Bildung und individuelle persönliche Überzeugungen beeinflusst. Die Aufrechterhaltung moralischer Normen verhindert, dass der Mensch in den Zustand eines wilden Tieres gerät. Der Mensch wird seine Instinkte innerhalb eines bestimmten, von der Gesellschaft akzeptierten Bereichs der Moral unter Kontrolle halten. Moralische Grundsätze ziehen keine materiellen Strafen nach sich, der Mensch entscheidet selbst, ob er nach ihnen handelt oder nicht.

Die Menschen müssen verstehen, dass sie das Richtige tun, und zwar nicht wegen einer möglichen Bestrafung, sondern weil die Belohnung zu Harmonie und einem allgemeinen Wohlstand führen wird. Ein solches Verhalten ist nur durch einen langwierigen Entwicklungsprozess möglich.

Es gibt einen globalen ethischen Kodex mit sieben Regeln und Verhaltensmustern. Dazu gehören Hilfe für die Familie, Hilfe für die Gemeinschaft, Gegenseitigkeit, Mut, Respekt, Gerechtigkeit und Eigentumsrechte. Diese sieben Grundsätze werden in keiner Kultur als negativ empfunden. Darüber hinaus rügt der allgemeine Ethikkodex gegenteilige Verhaltensmuster wie Verrat an der eigenen Gruppe, Vernachlässigung von Verwandten, fehlende gegenseitige Hilfe, Feigheit, Respektlosigkeit, Ungerechtigkeit und Diebstahl. Paradoxerweise entstammen all diese Regeln nur einem Gesetz - dem Gesetz des lebenden Organismus, dem Gesetz der gegenseitigen Bürgschaft, dem Gesetz unserer verborgenen emotionalen Verbindungen. Wir brauchen keine Anleitung für eine Mutter, wie sie ihr Kind lieben soll, denn die Natur weckt in ihr natürliche Gefühle der Verbundenheit mit ihm.

Wenn es möglich wäre, eine solche Kraft der Liebe von der Natur zu erhalten, müssten wir nicht all diese Gesetze erfinden, um unsere Beziehungen zu gestalten. Die Wissenschaftler sagen, dass Menschen zu einer solchen Eigenschaft erzogen werden können, wenn man ihnen den Nutzen und den Zweck aufzeigt, für den sie ihren natürlichen Egoismus aufgeben sollten. Um moralische Eigenschaften zu entwickeln, nutzen wir Workshops, Vorträge, Diskussionen oder Runde Tische zu ethischen Themen.

Die Medienethik bietet moralische Normen und Grundsätze, wie zum Beispiel den Vorrang des öffentlichen Interesses vor privaten Interessen, die Übernahme von Verantwortung und die freiwillige Fürsorge für Bedürftige sowie die Gleichbehandlung der an der Kommunikation beteiligten Parteien, unabhängig von Geschlecht, Alter oder sozialem Status. Die moralisch-ethischen Grundsätze der Medien beruhen auf gegenseitiger Hilfe und Vertrauen. Warum also wenden wir diese Grundsätze in unserer Kommunikation nur selten an? Es ist viel über Ethik geschrieben worden, wir lernen sie sogar in der Schule, und alle Religionen bauen auf ethischen Grundsätzen auf, und sie drohen den Menschen sogar mit Strafen, aber ohne Erfolg.

Alle moralischen Normen und Grundsätze sind nur dazu da, den Egoismus etwas abzuschwächen, ihn zu verschönern und zu verbergen. Aber diese Verschleierung hindert uns nur daran, ihn zu korrigieren und ihn richtig zu nutzen. Das Scheitern solcher Praktiken ist heute offensichtlich, aber die Gesellschaft kann ohne Verhaltensnormen nicht existieren.

Es ist allen klar, dass die Menschheit ein höheres Ideal braucht. In Religionen, in denen Gott als höchstes Ideal diente, funktionierte die Gesellschaft nicht richtig. Die Ansicht der Atheisten, dass die Naturgesetze ausreichen, funktioniert ebenfalls nicht. Was soll es dann sein? Diese Frage stellt sich nach wie vor. Vielleicht wird uns die Suche selbst zur Lösung führen.

Interkulturelle Kommunikation

Der Begriff „Multikulturalismus" setzt die Existenz eines Austauschs von Ideologien und einer gegenseitigen Verbindung von Kulturen und Volkswirtschaften voraus. Multikulturalismus ist Integration ohne Assimilation. Das bedeutet, dass verschiedene Kulturen, Sprachen und religiöse Strömungen in einem Land frei existieren können und so eine Gesellschaft entstehen kann, in der jeder Mensch so leben kann, wie er oder sie es für richtig hält. Aus wirtschaftlicher Sicht ist der Multikulturalismus, selbst wenn es gelingt, Unruhen in der Gesellschaft zu verhindern, ein kostspieliges Vergnügen. Um eine solche Gesellschaft aufrechtzuerhalten, sind erhebliche finanzielle Investitionen erforderlich. Trotzdem pflegen wir den Multikulturalismus, weil die Vielfalt eine der Tendenzen in der Evolution der Natur ist.

Multikulturalismus ist kein Phänomen, das sich von selbst entwickelt. Um ihn zu schaffen und zu entwickeln, sind ein politischer Wille und Unterstützung erforderlich. Es zeigt sich, dass die Menschen sich nicht von selbst über ihre Meinungsverschiedenheiten hinweg vereinigen können. Dazu bedarf es staatlicher Gesetze und Bildung. Bildung und Unterricht befreien

die Menschen von Gefühlen des Rassismus, der Fremdenfeindlichkeit und des Hasses im Allgemeinen.
Eine multikulturelle Gesellschaft hat viele Vorteile.

- Einwanderer sind eine Quelle von Fachwissen und Arbeitskräften.
- Es ist möglich, neue Geschmacksrichtungen und Stile kennenzulernen.
- Sie bietet die Möglichkeit, verschiedene Sprachen, Religionen und Traditionen kennenzulernen und
- die Möglichkeit, eine andere Kultur zu wählen.
- Der Multikulturalismus trägt zur Beseitigung der Rassendiskriminierung bei.

Trotz der Vorteile einer multikulturellen Gesellschaft haben viele europäische Länder heute ein anderes Problem. Die Menschen sind im Alltag gezwungen, jedes Wort, das sie sagen, zu überdenken, damit sie nicht der Intoleranz, des Sexismus oder des Rassismus beschuldigt werden. Jeder weiß, dass Hass existiert, aber nach außen hin gibt es Normen und Gesetze, die helfen, damit umzugehen. Um die politische Korrektheit aufrechtzuerhalten, gilt es, die Verwendung von Ausdrücken zu verhindern, die eine Diskriminierung implizieren. Natürlich soll dies die Annäherung zwischen den Menschen fördern, aber Gegner sehen darin

Heuchelei, Fanatismus, Verzerrung der Realität und einen Angriff auf die Meinungsfreiheit.

Extreme politische Korrektheit und der Schutz einer bestimmten Kategorie von Menschen können zu einem völlig gegenteiligen Ergebnis führen. Eine kleine Gruppe von Menschen könnte das Gefühl bekommen, dass sie über dem Gesetz steht, was zu Freizügigkeit und im schlimmsten Fall zu echter Gesetzlosigkeit im ganzen Land führt.

Hier sind einige Beispiele für extreme politische Korrektheit:

„Weiße" künstliche Intelligenz kann die Rassenungleichheit verschärfen. Roboter haben eine ausgeprägte rassische Identität, die rassische Stereotypen und Vorurteile in der „realen Welt" verstärken. Eine Internetrecherche ergab, dass die meisten nicht-abstrakten künstlichen Intelligenzen weiß sind oder europäische Merkmale aufweisen.

Die Macher der amerikanischen Zeichentrickserie „Die Simpsons" wählten zum Beispiel die Sprecher passend zu den Figuren aus.

Der Radiosender Australian Broadcasting Corporation (ABC) in Sydney erkundigte sich beim Vertreter des australischen Schachverbandes, ob Schach als rassenkontrovers anzusehen ist, da weiße Figuren immer als erste am Zug sind.

In Hollywood ändern sich die Regeln zu Gunsten der Rassenvielfalt. Es gibt einige Bewegungen, die den extremen Standpunkt vertreten, dass nur Personen, die denselben Gruppen angehören, in den Unterricht dieser spezifischen ethnischen Gruppen einbezogen werden sollten.

All diese Mängel verzögern die Entwicklung der Gesellschaft. Wir stellen auch fest, dass die gemeinsamen wirtschaftlichen, kulturellen und wissenschaftlichen Interessen verschiedener Länder nicht die Grundlage für die Entwicklung der gesellschaftlichen Solidarität bilden können. Auch kosmische, klimatische oder epidemische globale Bedrohungen können keine wirkliche Grundlage für die globale Einigung der Menschheit sein.

Was ist der Grund dafür? Jeder von uns wird mit unterschiedlichen Eigenschaften in unterschiedlichen Familien geboren und hat eine unterschiedliche Erziehung und Ausbildung genossen. Jeder von uns nimmt die Welt anders wahr und geht anders mit ihr um. Jeder empfindet sich auf seine eigene Weise. Auch die Organe in unserem Körper unterscheiden sich voneinander und funktionieren auf unterschiedliche Weise, aber sie haben ein gemeinsames Ziel, für das sie arbeiten; dieses Ziel heißt Leben.

Wird es uns gelingen, unser Leben zu verbessern, wenn wir zusammenarbeiten? Wir müssen den Menschen erklären, dass die Unterschiede zwischen den Nationen kein Hindernis für die Bildung einer geeinten Menschheit darstellen. Es geht um eine innere Annäherung, um bessere Verbindungen und Beziehungen, und was uns vielleicht fehlt, ist das Verständnis für die Vorteile einer solchen Annäherung.

Der Fehler rührt daher, dass uns nie beigebracht wurde, einander näher zu kommen. Wir geben jedem die Freiheit und glauben, dass die Menschen auf diese Weise den richtigen Weg zur Kommunikation finden werden.

Dies ist ein falscher Ansatz. Der Weg zu gegenseitiger Nähe besteht darin, dass der Mensch seine egoistische Natur überwindet und es vorzieht, über seinem Egoismus mit anderen in Kontakt zu sein. Nur eine solche Beziehung, ohne Verstellung, wird alle Unterschiede zwischen uns überbrücken und Frieden stiften. Das ist es, was wir lernen und lehren müssen. Ohne die menschliche Natur zu ändern, kann nichts gelöst werden. Wir müssen die menschliche Natur verstehen, sonst werden wir nicht überleben.

Kommunikations-
schwierigkeiten

Es gibt viele Herausforderungen in der Kommunikation zwischen uns. Fremdenfeindlichkeit, Rassismus und alle möglichen Arten von Phänomenen hindern uns daran, uns zu vereinen. Diese Phänomene hat es schon immer gegeben, aber heute sind sie in den demokratischen Ländern durch die Entwicklung der Massenmedien noch deutlicher geworden.

Missverständnisse zwischen Menschen sind das größte Problem in unseren Beziehungen, und wo es kein Verständnis gibt, ist es einfach unmöglich, eine Verbindung herzustellen. Manchmal verstehen die Menschen die Kommunikationsmuster einfach nicht. Schließlich müssen wir in verschiedenen Situationen auf unterschiedliche Weise mit verschiedenen Menschen kommunizieren, etwa mit dem Chef oder dem Nachbarn. In der Kommunikation gibt es viele Regeln, die bestimmen, ob ein Mensch zu einem bestimmten sozialen Kreis gehört. Wenn es zum Beispiel nicht üblich ist, dass ein Mensch über sich selbst spricht, und wenn er gegen diese wichtige Norm verstößt, erkennen andere Menschen sofort, dass er nicht zu ihrem Kreis gehört.

Das Missverstehen von Normen und Werten kann ein großes Problem in der Kommunikation sein. Wir machen vielleicht Witze über Dinge, die andere verachten, und das stört die Kommunikation zwischen uns. Eine weitere Schwierigkeit in der Kommunikation ist die Angst, unsere Gedanken und Gefühle zu äußern, weil wir nicht wissen, wie die anderen reagieren werden. Außerdem haben wir Angst, dass wir zurückgewiesen oder verspottet werden. Es ist auch möglich, dass die Leute nicht mit einem bestimmten Menschen kommunizieren wollen, weil sie Informationen haben, die ihn verleumden.

All dies sind externe Faktoren, aber es gibt auch interne Hindernisse, die in der Kommunikation auftreten. Der Begriff „Fremdenfeindlichkeit" bedeutet Intoleranz gegenüber Menschen, die anders sind als wir, Unterschiede wie Hautfarbe oder Übergewicht. Diese Mechanismen des Organismus schützen ihn vor dem Kontakt mit Menschen, die anders sind als er, wenn das Gehirn sie als Fremde identifiziert.

Nach dem Gesetz der Ähnlichkeit der Merkmale wird Gleiches von Gleichem angezogen. In unserem Leben gibt es keine zufälligen Begegnungen, wir ziehen nicht die Menschen an, die wir anziehen wollen, sondern eher diejenigen, die uns ähnlich sind. Dies ist auf den engstirnigen Egoismus des Menschen zurückzuführen, auf unsere Selbstverteidigung. Wenn ein Mensch erkennt, dass es am wichtigsten ist, sich mit denen zu verbinden, die ihm ähnlich sind, fühlt er sich stärker. Die Menschen verstehen nicht, dass die Kraft der Natur gerade in der Vielfalt und nicht in der Ähnlichkeit liegt. Dies ist ein Punkt, der in einem langwierigen Bildungsprozess vermittelt werden muss.

Neben Fremdenfeindlichkeit kann auch Rassismus ein Problem in der Kommunikation darstellen. Studien zeigen, dass die Menschheit nicht aus klar definierten, getrennten biologischen Gruppen besteht. Vielmehr ist die Rasse eine imaginäre Kategorie oder eine soziale Struktur. Daraus folgt, dass wir alle Menschen sind und es daher sinnlos ist, über Rassen zu sprechen. Mehrere Wissenschaftler behaupten, dass der Rassismus im menschlichen Gehirn verankert ist. Es gibt Teile des Gehirns, mit denen wir verstehen, zu welcher ethnischen Gruppe ein Mensch gehört. Das bedeutet, dass unser Gehirn im Bruchteil einer Sekunde entscheidet, wer ein Fremder ist, und wer dazugehört. Daher können auch nicht rassistische Menschen rassistische Tendenzen zeigen, ohne sich deren bewusst zu sein.

Im Allgemeinen nimmt im Laufe unserer Entwicklung der Hass zwischen den Menschen ständig zu, und das ist die größte Schwierigkeit bei der Gestaltung von Kommunikation. Was ist der Grund dafür und wer profitiert davon? Nun, wenn wir uns die äußeren Ursachen des Hasses ansehen, können wir mehrere Gründe feststellen. Dazu gehören die Wertschätzung der Gesellschaft für die Reichen und nicht für die Armen, die künstliche Vermischung verschiedener Rassen ohne vorherige Vorbereitung, und militärische Konflikte in verschiedenen Ländern, die die Feindseligkeit zwischen den Völkern verschärfen.

Der tiefere Grund für den Hass zwischen Menschen ist unsere egoistische Natur. Wir sind so gebaut, dass wir unsere Überlegenheit gegenüber anderen genießen. Daher ist Rassismus die höchste Form von Egoismus, mehr noch als andere Formen wie Sexismus, Antisemitismus, Homophobie und so weiter.

Welche Lösungen gibt es, um die Faktoren zu beseitigen, die uns daran hindern, uns einander zu nähern? Rechtliche Verfahren wie ausdrückliche Gesetze, die vom Staat unterstützt werden, Bildungsprogramme und ziviler Aktivismus sowie die Investition von viel Geld in Antirassismus Programme haben nicht dazu beigetragen, alle Phänomene zu beseitigen, die die Kommunikation zwischen uns behindern.

Vielleicht liegt die Antwort, wie immer, auf einer anderen Ebene. Vielleicht müssen wir nicht versuchen, alle Unterschiede auszulöschen, sondern sie nur überwinden. Es muss etwas in unserem Leben geben, das höher und wichtiger ist als all die Phobien. Wenn wir die Vorteile der richtigen Verbindungen sehen könnten, wären sie dann verschwunden? In Wirklichkeit bleiben sie, aber wir werden die Kraft haben, ihnen zu widerstehen.

Das Wichtigste ist, den Menschen zu zeigen, dass die Vielfalt zu ihren Gunsten wirkt. Unsere Augen genießen es, die Vielfalt der unbelebten und vegetativen Natur zu beobachten. Es kommt uns nicht in den Sinn, irgendeinen Baum zu zerstören, nur weil seine Blätter nicht grün sind. Die Schlussfolgerung ist, dass alles von Bildung und Wissen abhängt.

Massenkommunikation

Die Entwicklung der Menschheit ist eng mit der Produktion und Anpassung von Informationen verbunden. Die Informationen über die Entwicklung der menschlichen Gesellschaft wurden auf verschiedenen Materialien festgehalten (Felsmalereien, alte Papyri, Schriftrollen, Chroniken und Kunstwerke aus allen Epochen). Im Laufe der Zeit nahm die Menge der Informationen zu, und die Kommunikationsmittel, die für ihre Übermittlung zur Verfügung standen, waren unzureichend.

So entwickelte sich die Kommunikation mit Massenverbreitungskanälen. Der moderne Mensch lebt in einem ständigen Strom von Informationen. Die Mittel der Massenkommunikation - Zeitungen, Fernsehen, Radio, Bücher, Reden, Internet - informieren uns nicht nur über neue Ereignisse, sondern beeinflussen auch unser Verhalten und prägen unser Weltbild. Die Medien sind Teil der Massenmedien und haben eine organisatorische Basis und Zeiten für die Veröffentlichung der Informationen.

Oft präsentieren die Medien absichtlich verzerrte Informationen, um das öffentliche Bewusstsein manipulativ zu beeinflussen. Den Informationskonsumenten werden vorgefertigte Diagramme und Verhaltensalgorithmen vorgelegt, die nicht nur die öffentliche Meinung, sondern auch neue Werte schaffen.

Wenn man weiß, dass die Medien von staatlichen Behörden und Einzelpersonen betrieben werden, kann man sich zu Recht fragen, wem die Medienkanäle gehören sollten, damit sie neutral bleiben? Die Medien müssen völlig objektiv bleiben, und dafür muss die Gesellschaft kämpfen. Wir müssen verstehen, dass wir immer ein Problem mit neutralen Informationen haben werden, solange wir unseren physischen Eigennutz nicht loswerden, wenn uns der persönliche Gewinn wichtiger ist als die Interessen der Gesellschaft.

Die Medien sind ein Verstärker der gesellschaftlichen Prozesse. Heute gibt es keine lokalen Ereignisse mehr. Jedes Ereignis wird sofort öffentlich zugänglich. Und das hängt natürlich davon ab, wie viel Geld investiert wird, um ein bestimmtes Ereignis zu verstärken. Die Medien sind in der Tat der Spiegel der gesellschaftlichen Entwicklung mit all ihren Ungerechtigkeiten.

Es ist sehr wichtig, die Massenkommunikation von den Medien zu trennen. Die Hauptaufgabe der Massenkommunikation besteht darin, eine angemessene Kommunikation zwischen den Menschen aufzubauen, und das ist ein langer Bildungsprozess. Die Medien sollten nur neutrale Informationen ohne Verzerrungen und Kommentare liefern. Diese Aufgabe sollte von speziellen Menschen wahrgenommen werden, die eine besondere

Ausbildung erhalten haben, um die Menschen richtig zu verbinden und zusammenzubringen. Auf keinen Fall sollten Menschen, die ihren Egoismus nicht korrigiert haben, an die Massenmedien herangeführt werden, denn sie sind für unsere Entwicklung, unser zukünftiges Umfeld und dessen Auswirkungen auf uns verantwortlich.

Wir leben heute in einer Welt der Lügen, aber es wäre ein Fehler, die Medien für alle Verbrechen verantwortlich zu machen, denn sie dienen nur den Massen, dir und mir. Wir wollen die Wahrheit nicht wissen. Wissenschaftler haben bewiesen, dass die Menschen Informationen hören wollen, die ihre Ideologie, ihre Meinungen und ihre Wahrnehmungen bestärken. Der Egoismus will sich nicht ändern, und es stellt sich heraus, dass die Medien gezwungen sind, zu lügen, weil sonst niemand Informationen von ihnen konsumieren würde.

Was kann man in einer solchen Situation tun? Wir befinden uns in einem geschlossenen Kreis. Wir müssen warten, bis neutrale Medien erscheinen oder sich die Bedürfnisse der Menschen ändern und sie bereit sind, die Wahrheit zu akzeptieren, auch wenn sie bitter ist.

Die Medien transportieren nie nur Informationen, sie prägen auch immer das Verständnis dieser Informationen.

Die erste Eigenschaft der Medien besteht darin, aus einer unendlichen Menge von Informationen das herauszufiltern, was die Mehrheit interessiert. Die

Auswahl der Informationen erfolgt durch das Prisma der redaktionellen Politik des Herausgebers und der persönlichen Wahrnehmung des Reporters. Auf diese Weise kommt der Faktor „Fake News" hinzu, der in unserem Informationszeitalter ein großes Problem darstellt. Jedes gesunde Gehirn verfügt über ein Schutzsystem gegen falsche Informationen, da diese für den Körper gefährlich sind. Aber die entwickelte Menschheit hat Umgehungsmechanismen für die natürliche Abwehr erfunden: Fake News. Unter Fake News versteht man einen Deckmantel aus Lügen in wirklichen Informationen, in einem Verhältnis von 40-60 Prozent zwischen Wahrheit und Unwahrheit. Nachdem sie das Abwehrsystem des Gehirns umgangen haben, beginnen die eingewurzelten Fake News, das innere kognitive Weltbild des Menschen wieder aufzubauen. Die Menschen beginnen, Entscheidungen zu treffen und nach dem neuen Programm zu handeln, und so bauen sie die Realität um sich herum nach ihren neuen Vorstellungen auf.

Wie geht man mit dem Phänomen der Fake News um? Experten empfehlen, kritisches Denken zu entwickeln und unsere Emotionen zu analysieren, aber das sind Tipps, die für herausragende Einzelpersonen geeignet sind. Was ist mit der breiten Masse? Wie kann sich ein normaler Mensch gegen Fake News wehren? Kann der moderne Mensch eine eigene Meinung haben, oder ist alles, was wir denken, das Ergebnis einer Sammlung von Meinungen anderer? Solange sich die Menschen nicht ändern und sich nicht über ihre persönlichen Berechnungen erheben, werden sie die Tendenzen der Evolution in der Natur nicht verstehen. Und solange sie nicht all das Böse verstehen, das in ihrer egoistischen Natur steckt, wird sich nichts ändern.

Ein weiterer interessanter Punkt ist, dass die Medien ihre Macht zugunsten der sich rasch entwickelnden sozialen Netzwerke verlieren. Waren es früher die staatlichen Medien, die das Gesicht der Gesellschaft prägten, so sind es heute Tausende und Millionen von Menschen, die selbst zu Informationsquellen werden. Ohne Zensur oder hohe Moralvorstellungen vermitteln sie Informationen und formen die öffentliche Meinung von Millionen von Menschen auf unkontrollierbare Weise.

Wohin führt uns dieses Phänomen, und was wird dem Menschen helfen, nicht im Meer der Informationen zu ertrinken?

In der Vergangenheit hing zum Beispiel alles von einem Menschen ab, dem König. Heute nähern wir uns einer Situation, in der jeder Mensch eine Quelle von Informationen und Einfluss auf die gesamte Menschheit ist. Stellt euch vor, jeder hat eine Meinung, die er vermitteln und damit andere beeinflussen will. Wir müssen lernen, uns zu vernetzen, indem wir die Meinung jedes Einzelnen berücksichtigen und uns zum Wohle des Ganzen für ein gemeinsames Ziel zusammenschließen.

Man könnte sagen, dass diese Beschreibung unrealistisch klingt. Aber wenn wir den menschlichen Körper beobachten, scheint es möglich. Wie können so unterschiedliche Systeme und Organe in unserem Körper für ein gemeinsames Ziel arbeiten, nämlich das Leben des ganzen Körpers? Deshalb werden wir durch Bildung, die von den Massenmedien überwacht wird, in der Lage sein, eine richtige Verbindung zwischen den Menschen herzustellen.

Virtuelle Gemeinschaften

Das Internet ist heutzutage eine unerschöpfliche Quelle der Kommunikation. Dadurch entstehen immer mehr virtuelle Gemeinschaften, die sich durch das Fehlen sprachlicher Einschränkungen, Anonymität und die Verbindung auf der Grundlage gemeinsamer Wünsche, Ziele und Interessen auszeichnen.

Virtuelle Gemeinschaften haben zwei Hauptprinzipien: Das erste Prinzip ist, dass sie eine freie horizontale Kommunikation ermöglichen, bei der jeder mit jedem ohne Vermittlung kommunizieren kann. Das zweite Prinzip besteht darin, dass sie jedem die Möglichkeit geben, seinen Platz zu finden, das heißt, ein völlig anderer Mensch zu werden, als er in Wirklichkeit ist.

Es gibt zwei Arten der Beteiligung in einer virtuellen Gemeinschaft. Die erste Art ist die aktive Beteiligung, bei der die Mitglieder regelmäßig zur Gemeinschaft beitragen. Die zweite Art ist eine marginale Beteiligung, bei der die Teilnehmer lesen, was die aktiven Mitglieder der Gemeinschaft schreiben, und daraus einen gewissen Nutzen für sich ziehen, aber nichts zur Gemeinschaft beitragen.

Für die Kommunikation in der Gruppe werden (je nach Bedarf) Spiele, Diskussionen oder Antworten auf

Bilder oder Nachrichten verwendet. Die Nutzer wollen über ihre Lebensereignisse sprechen, ihre Freuden und Sorgen teilen und ihre Meinung zu verschiedenen Themen äußern. Emotionen sind die wichtigsten Elemente der menschlichen Existenz und ihr Ausdruck ist einer der Zwecke der Kommunikation.

Aufgrund des Schriftcharakters der Medien sind die wichtigsten Mittel, um Emotionen auszudrücken, grafischer Natur. In der Online-Kommunikation ist es, wie in jeder schriftlichen Kommunikation, schwierig bis unmöglich, Gefühle auf nonverbale Weise auszudrücken (Intonation, Mimik oder Gestik). Diese Schwierigkeit wird durch andere Sprachmittel wie Emojis und Likes kompensiert. In den öffentlichen Medien sind Reaktionen auf Bilder wie Smileys für viele Nutzer nicht nur das Wichtigste, sondern manchmal sogar das einzige Mittel, um Gefühle auszudrücken.

Es wird schwieriger, Gedanken oder Gefühle in Worte zu fassen, weil es Mühe, Zeit und Fleiß erfordert. Vielen Menschen ist es peinlich, dass sie Analphabeten sind. Hinzu kommt die Schwierigkeit, dass man an einem einzigen Tag mit mehr Menschen in Kontakt ist, als man in seinem ganzen Leben getroffen hat. So ermöglicht das Internet den Menschen, aus der Ferne zu agieren, sich nicht physisch in die Gesellschaft einzubringen, sondern oberflächliche Beziehungen zu knüpfen, ohne jemandem wirklich nahe zu kommen. Die Interaktion mit anderen ist oft unpersönlich, da die Menschen um uns herum zu „Anbietern und Empfängern von Dienstleistungen" geworden sind. Solche Beziehungen sind in der Regel kalt und entbehren einer persönlichen und warmen Beziehung. Virtuelle Gemeinschaften hingegen ermöglichen es uns, unsere Gefühle anderen gegenüber auszudrücken.

Leider rufen diese Beziehungen in den meisten Fällen negative Gefühle in uns hervor und trennen uns. Das ist ein natürliches Ergebnis, denn unsere egoistische Natur ändert sich nicht, und in Ermangelung von Grenzen in der virtuellen Realität wird die Situation nur noch schlimmer. Wir sehen immer mehr Ausdrucksformen sozialer Ungleichheit, die Manipulation von Menschen durch die Betreiber virtueller Plattformen und das Aufkommen von Fake News. All diese Äußerungen entsprechen sicherlich nicht den Idealen, auf denen virtuelle Gemeinschaften aufgebaut sind, aber dies ist ein programmierter Prozess.

Wissenschaftler behaupten, dass alle Systeme einen evolutionären Prozess durchlaufen. Am Anfang steht immer ein Prozess der Ablehnung und Trennung, gefolgt von der Erkenntnis des Bösen in unserer egoistischen Natur. Virtuelle Gemeinschaften beschleunigen den Prozess des Erkennens unserer egoistischen Natur und helfen uns, schneller zur nächsten Stufe vorzudringen - einer höheren Stufe der Einheit.

In Zukunft wird die virtuelle Kommunikation eine andere Qualität haben und die Grundlage für die

Entwicklung emotionaler, innerer Verbindungen bilden, die auch durch verbale oder physische Kommunikation nicht erlebbar sind. Wir müssen eine Verbindung zwischen Herzen und Gedanken herstellen und uns so voneinander beeindrucken lassen. Wie der Coronavirus, der sich schnell ausbreitete und die alte Welt lähmte, kann sich eine neue Art des Denkens noch schneller verbreiten und Frieden zwischen unseren Herzen stiften.

Soziale Distanz

Das Universum begann in einer Singularität, in einem Zustand, in dem die ganze Materie und Energie in einem Punkt verdichtet war, der sich stetig ausdehnt. Wir sehen, wie die Menschen in unserer Welt über den ganzen Planeten verstreut sind. Auch innerlich bewegen wir uns voneinander weg. Jeder Mensch ist eine ganze Welt, und zwischen uns gibt es eine unendliche Welt. Vor etwa einem Jahrhundert haben Soziologen den Begriff „soziale Distanz" geprägt, der ein Maß für die Bereitschaft von Menschen verschiedener Völker und Klassen ist, miteinander zu interagieren, über dieselbe Straße zu gehen, im selben Büro zu arbeiten, im selben Haus und in derselben Familie zu leben.

Haben wir den Endpunkt der sozialen Distanz erreicht, oder werden wir uns weiter voneinander entfernen?

Hier gibt es zwei Tendenzen. Auf der einen Seite wächst unser Ego ständig und trennt uns. Auf der anderen Seite verlangt die Natur, dass alle Menschen vollständig vereint und integriert sind. Die biologische Grundeinheit ist der einzelne Organismus, und die psychologische Grundeinheit ist die Gruppe. Es ist die Gesellschaft, die uns zu menschlichen Wesen macht.

Wie weit wir auch voneinander entfernt sein mögen, die Natur wird von uns verlangen, dass wir uns sowohl geografisch als auch informativ annähern, bis wir verstehen, dass die Annäherung herzlich und emotional sein muss. Die Natur verbindet Elemente und bringt so neue Lebensformen hervor. In Zukunft wird sich die soziale Distanz verringern, und wir werden das Bedürfnis verspüren, uns näher zu kommen, um unser Leben bequem und sicher zu gestalten. Davon hängen die Gesundheit der Menschen und die Verhinderung von Epidemien und Problemen aller Art ab.

Die Integration zwischen Menschen ist ein langfristiger Prozess, der von Land zu Land unterschiedlich verläuft. Mitte des letzten Jahrhunderts haben Anthropologen Kulturen als Kontakt- oder Nicht-Kontakt-Kulturen definiert. Einige Kulturen in Asien und Südeuropa neigen zu viel wärmeren Interaktionen als kältere Völker, wie in Nordamerika und Nordeuropa. Wissenschaftler haben berichtet, dass sich Paare, die in einem Pariser Restaurant sitzen, 110-mal pro Stunde berühren, in London jedoch nicht ein einziges Mal. Natürlich ist dieses Phänomen kein Hinweis auf die Nähe zwischen den Menschen, und es gibt wirklich keine Nationen, die mehr zur Einheit neigen. Jeder sollte sich um Annäherung bemühen, und nicht nur sein Ego, sondern auch Gewohnheiten, Tradition und Kultur überwinden. Die Hauptsache ist, dass es ein gemeinsames Verständnis des Ziels gibt, warum wir uns vereinigen sollten und was das Ergebnis eines solchen Zusammenschlusses sein wird.

Die Verringerung der Distanz zwischen Menschen ist durch Freude, ständigen Dialog, Einheit und gegenseitige Aufmerksamkeit gekennzeichnet. Übertriebene Besessenheit und übertriebener Wunsch nach Annäherung führen zu Disharmonie und Ermüdung. Wie kann man also trotzdem Abstand halten? Zu diesem Zweck werden wir untersuchen, welche Arten von Distanz es in zwischenmenschlichen Beziehungen gibt:

- Intimsphäre - ein Abstand von 15 bis 45 cm, den die engsten Verwandten wie Eltern und Kinder betreten dürfen.
- Persönlicher Bereich - ein Abstand von 45 - 120 cm wird in der täglichen Kommunikation mit vertrauten Menschen genutzt.
- Sozialer Bereich - ein Abstand von 120 cm bis 4 Meter. In diesem Abstand kommunizieren wir bei der Arbeit und mit Fremden.
- Öffentlicher Raum - ein Abstand von mehr als 4 Metern, bei Aktivitäten wie Vorträgen und Konferenzen.

Menschen aus verschiedenen Ländern schützen die Grenzen ihres persönlichen Raums auf unterschiedliche Weise. Es gibt einen großen Unterschied zwischen Russland, Europa und Asien, und es gibt auch

Unterschiede zwischen Männern und Frauen. Männer empfinden das Verletzen des Abstandes stärker und schärfer. Die Verringerung des Abstands sollte entsprechend den Gefühlen der Menschen erfolgen. Je wohler sich die Menschen miteinander fühlen, desto mehr werden sie den Abstand zwischen sich anpassen und sich näherkommen.

Wir müssen uns selbst und andere kennen, verstehen, fühlen und erforschen, damit wir uns schließlich zu einem gemeinsamen Ganzen vereinen und der Raum zwischen uns mit Liebe gefüllt wird. Es geht auch um ein allgemeines Verständnis für den Zweck der Evolution und den Sinn des Lebens.

Die Kunst des Zuhörens

Die Fähigkeit zuzuhören, ist für jeden notwendig. Eltern müssen ihre Kinder verstehen, Kinder müssen ihren Lehrern zuhören, ein Manager muss sich die Meinung seiner Mitarbeiter anhören und die Regierung muss den Bedürfnissen der Menschen zuhören. Die meisten Menschen sind der Meinung, dass sie gut zuhören können, und wenn man sie bittet, diese Fähigkeit zu bewerten, geben sich viele die Note 9 von 10. Studien zeigen jedoch, dass nur etwa 10 % der Menschen jemandem bis zum Ende zuhören und das Wesentliche seiner Worte verstehen können.

Eine Grundregel der zwischenmenschlichen Kommunikation besagt, dass die Bedeutung einer Nachricht, wie sie vom Zuhörer wahrgenommen wird, nie genau der Bedeutung entspricht, die der Sprecher vermitteln wollte. Wissenschaftliche Studien ergaben, dass Menschen beim Zuhören einer Rede in zehn Minuten einen Wirkungsgrad von durchschnittlich nur 25 % erreichen. Ärzte unterbrechen den Patienten im Durchschnitt 12 Sekunden nachdem er zu sprechen begonnen hat. Selbst in informellen Gesprächen nimmt der Zuhörer im Durchschnitt nicht mehr als 60 bis 70 % dessen auf, was sein Gesprächspartner sagt.

Die Schwierigkeit, konzentriert zuzuhören, ergibt sich aus der Tatsache, dass wir schneller denken als wir sprechen. Es ist bekannt, dass der durchschnittliche Mensch bis zu 500 Wörter pro Minute erfassen kann, während die durchschnittliche Sprechgeschwindigkeit bei 125-150 Wörtern pro Minute liegt. Daraus ergibt sich eine „freie Zeit", die zu einem Mangel an Aufmerksamkeit führt, insbesondere wenn die Rede langsam oder das Thema uninteressant ist. Der Zuhörer füllt die Lücke, indem er über seine Probleme, Träume und Pläne nachdenkt, oder er beginnt, den Redner zu unterbrechen und zu drängen, schneller zu sprechen.

Es gibt eine Reihe von Tipps zur Verbesserung der Zuhörfähigkeit:

- Vermeidung von Ablenkungen - Um zum Beispiel Ablenkungen während einer Besprechung zu vermeiden, ist es ratsam, das Telefon auf lautlos zu stellen. Denke daran, dass selbst eine einfache Handlung wie das Abrufen von Nachrichten dazu führt, dass wir nicht mehr aufmerksam sind.
- Körpersprache - Viele Informationen werden über die Körpersprache an den Zuhörer weitergegeben. Daher ist es wichtig, dass wir versuchen, unserem Gesprächspartner ins Gesicht zu schauen, den Kopf zu neigen und gelegentlich zu nicken.

- Fragen an mich selbst - Der einfachste Weg, um beim Zuhören Aufmerksamkeit zu erlangen, ist, gelegentlich innezuhalten, mir selbst Fragen zu stellen und zu versuchen, sie zu beantworten. Zum Beispiel: „Worüber spricht er gerade?" Oder „Warum erscheint ihm diese Entscheidung als die erfolgreichste?". Ein solcher innerer Dialog hilft dem Zuhörer, sein Verständnis zu kontrollieren und die Sortierung der Informationen zu vertiefen.

- Zusammenfassung dieser Vorstellung: von Zeit zu Zeit sollte der Zuhörer versuchen, das Gehörte zu verdeutlichen. Man kann denselben Gedanken prägnant formulieren oder einen wichtigen Teil der Geschichte zusammenfassen und ihn dem Sprecher wiederholen. Man kann auch klärende Fragen stellen, wie z. B. „Habe ich es richtig verstanden, dass ...?" oder „Mit anderen Worten, denkst du, dass ...?"

- Verwendung von Beispielen oder Geschichten - Schlage dem Gesprächspartner vor, Beispiele zu nennen oder Geschichten zu erzählen, damit er von abstrakten Erklärungen zu persönlichen Erfahrungen übergehen kann; die Chancen sind dann gut, dass wir ihn besser verstehen

- Haltung gegenüber dem Gesprächspartner – Niemals den Gesprächspartner angreifen. Es gibt einen Unterschied zwischen „Du hast

Unrecht mit X" und „Ich denke anders über X".
Wenn Menschen den ersten Satz hören, haben
sie das Bedürfnis, sich zu verteidigen, und die
beste Verteidigung ist bekanntlich der Angriff.
In einer solchen Situation ist der Körper gestresst
und kann nicht zuhören.

Es gibt viele Methoden, um unsere Hörfähigkeit zu verbessern. Wir werden hier zwei Hauptfaktoren nennen,
die sich direkt auf die Hörfähigkeit auswirken:

- Der erste Faktor - der Wille oder das Bedürfnis.
  Die Fähigkeit des Zuhörens hängt vom
  Informationsbedürfnis des Zuhörers ab, denn
  das „Ego" ist der Wunsch, zu empfangen. Daher
  wird alles, was für mein „Ego" nützlich und vorteilhaft ist, von mir automatisch und mühelos
  mit großer Aufmerksamkeit aufgenommen.
- Der zweite Faktor ist meine Einstellung gegenüber dem Sprecher. Es besteht ein direkter
  Zusammenhang zwischen der Fähigkeit des
  Zuhörens und meiner Haltung gegenüber dem
  Gesprächspartner, wie sehr ich ihn schätze, wie
  nahe er mir steht. Zuhören und Fühlen sind
  zwei verschiedene Dinge. Wenn ich den anderen schätze, brauche ich seine Worte nicht. Ich
  „trinke" einfach alles aus ihm, und es geht in
  mich über und erfüllt mich".

Liebe erhöht automatisch unsere Aufmerksamkeit, so sind wir gemacht, das liegt in unserer Natur. Um die Fähigkeit des Zuhörens zu verbessern, muss man daher zunächst an der Verbesserung der allgemeinen Einstellung gegenüber Menschen arbeiten.

Die Kunst des Sprechens

Die Fähigkeit, mit Menschen zu kommunizieren, ist einer der wichtigsten Faktoren für den Erfolg im Leben. Während man sich bei der zwischenmenschlichen Kommunikation auf angeborene Fähigkeiten stützen kann, reicht dies bei der öffentlichen Kommunikation nicht aus, sondern es sind zusätzliche Fähigkeiten erforderlich. Eine Rede, die an eine Reihe von Zuhörern gerichtet ist, kann als öffentlich angesehen werden, egal ob es sich um eine Rede auf der Bühne oder um Glückwünsche an einer festlichen Tafel handelt.

Du bist zum Beispiel zu einer Geburtstagsfeier eingeladen und stellst fest, dass du irgendwann gebeten wirst, ein paar Worte über den Anlass der Feier zu sagen, oder du wurdest gebeten, einen Bericht über ein bestimmtes Thema bei der Arbeit vorzubereiten. Es gibt verschiedene Situationen im Leben, und wir müssen auf jede von ihnen vorbereitet sein. Dazu müssen wir nicht unbedingt fließend sprechen, aber es kann nicht schaden, kommunikative Fähigkeiten zu besitzen. Schließlich ist jede Rede ein Mittel zur Kommunikation, und das ist eine Kunst, die man lernen muss.

Hier sind einige Tipps, die helfen, die Botschaft zu vermitteln:

1. Es ist wichtig, die innere Welt der Person zu kennen, um zu wissen, wie man ihr eine Botschaft vermitteln kann, die ihre Gefühle durchdringt und sie prägt. Es ist daher notwendig, sich im Voraus darauf vorzubereiten, die Person oder das Publikum, vor dem wir sprechen werden, gründlich kennenzulernen.

2. Prägnanz ist der Schlüssel zum Erfolg. Die Menschen leiden heute unter einer Überfülle von Informationen. Wir müssen daher an den Zuhörer denken und ihn nicht mit unnötigen Informationen „überschütten«. Man sollte nur Informationen weitergeben, die in diesem Moment für das angesprochene Publikum relevant und notwendig sind. An dieser Stelle sollte man den 28. Präsidenten der Vereinigten Staaten, Woodrow Wilson, erwähnen, der sagte: „Wenn ich zehn Minuten sprechen soll, brauche ich eine Woche zur Vorbereitung; wenn fünfzehn Minuten, drei Tage; wenn eine Stunde, bin ich jetzt bereit."

3. Die Hauptaufgabe besteht darin, die Aufmerksamkeit der Menschen zu erhalten, daher ist die erste Botschaft sehr wichtig. Sie sollte fesselnd sein und es wird empfohlen, sie im Voraus vorzubereiten.

4. Während der gesamten Rede ist es ratsam, eine leichte Spannung aufrechtzuerhalten, indem

bewusst zwei gegensätzliche Ansichten darge-
stellt werden.

5. Es ist wichtig, eine angemessene Dosis an
   Emotionen beizubehalten. Man sollte daran denken, dass zu monotones Sprechen nicht absor-
   biert wird, aber zu viel Temperament auch nicht
   vertrauenerweckend ist.

6. Es ist zwingend erforderlich, die Reaktion der
   Anwesenden zu beobachten und die Art und
   Weise, wie die Informationen präsentiert werden,
   anzupassen.

7. Es ist wichtig zu zeigen, dass die Zuhörer für
   den Sprecher sehr interessant sind und dass die
   Informationen, die er ihnen anbieten will, für
   sie nützlich sind. Dazu sollte Augenkontakt
   gehalten werden, denn die Anwesenden werden
   von den Augen des Sprechers viel mehr verstehen als von seinen Worten. Deshalb sollte schon
   vor dem Sprechen Augenkontakt hergestellt
   werden. Man könnte sich vorstellen, dass sich
   Drähte von deinen Augen zu den Augen deiner Gesprächspartner ziehen. Der Blickkontakt
   ermöglicht es nicht nur, Informationen zu vermitteln, sondern auch Feedback zu erhalten.

8. Es ist eine bekannte Tatsache, dass Menschen
   90 % von dem, was sie hören, 60 % von dem,
   was sie sehen, und nur 10 % von dem, was sie
   tun, vergessen. Entscheide selbst, was du dir

besser merken kannst: eine trockene Tatsache über die Häufigkeit von Flugzeugpannen, eine Situation, in der du Zeuge einer Flugzeugpanne warst, oder dass du selbst der Pilot bist, der eine Flugzeugpanne zu bewältigen hatte. Wie gut man sich eine Geschichte merken kann, hängt davon ab, wie stark man in die Geschichte involviert ist. Daher sind Beispiele sehr wichtig, mehr als abstrakte Worte oder Ideen.

9. Seit den Anfängen der Menschen am Lagerfeuer erzählen sie sich bis heute Geschichten, um emotionale Verbindungen herzustellen. Geschichten sind das mächtigste Instrument zur Übermittlung von Informationen und zuverlässiger als jede andere Form der Kommunikation. Informationen sind statisch, Geschichten sind dynamisch. Geschichten verbinden die Herzen der Menschen und verweben Werte, Normen und Überzeugungen miteinander. Dabei geht es nicht nur um Legenden und moralische Gleichnisse, sondern um verschiedene Geschichten über uns und unsere Freunde. Eine emotionale Geschichte kann die Seele eines jeden Menschen berühren. Wir müssen die Geschichten nach den Gesetzen der Komposition erzählen. Zuerst die Handlung, dann der Hauptteil, und abschließend natürlich der Höhepunkt und der Schluss. Auch in der Natur gibt es Kompositionsgesetze, und alle

biologischen Prozesse folgen ihnen, zum Beispiel die Stadien einer Krankheit oder die Reihenfolge einer Mahlzeit. Wir beginnen mit einer Vorspeise, fahren mit dem Hauptgericht fort und enden mit dem Dessert. Es ist daher wichtig, zu beobachten und zu lernen, wie wir sicherstellen können, dass unsere Rede organisch, natürlich und fließend klingt und zum gewünschten Ziel führt.

10. Eine gute Geschichte ist immer dermaßen mit Humor gewürzt, dass sie bei den Menschen Bewunderung hervorruft. Es ist jedoch wichtig, sich seiner selbst bewusst zu sein und seine Fähigkeiten realistisch einzuschätzen. Wenn du weißt, dass Humor nicht deine Stärke ist, ist es besser, ihn wegzulassen, als sich lächerlich zu machen.

11. Es ist wichtig, dem Publikum Komplimente zu machen. Diese sollten kurz, echt und nicht übertrieben sein.

12. Es ist ratsam, mit einer Einleitung zu beginnen, die darauf abzielt, die Gefühle der Zuhörer zu berühren. Bring dazu deine Gefühle zum Ausdruck, damit niemand gleichgültig bleibt. Behalte deine Angst und Unruhe für dich, denn vor einem Publikum musst du Selbstvertrauen zeigen und dass du auf ihrer Seite bist, dass ihr gemeinsame Interessen habt,

wie z. B. Alter, Beruf oder eine Beziehung zu der Veranstaltung.

13. In den ersten Minuten der Rede bewerten die Zuhörer den Grad der Bedrohung, den du für ihre Wertewelt darstellst. Die Evolution wurde nicht abgeschafft, also musst du alle beruhigen und sie davon überzeugen, dass du nicht gefährlich bist, sondern einer von ihnen bist.

14. Es ist ratsam, durch Drama komplexe Probleme oder Aufgaben zu präsentieren.

15. Stelle sicher, dass der Höhepunkt der wichtigste Punkt in deiner Geschichte ist und den Grund für die Geschichte darstellt. Der Höhepunkt kann eine Aufforderung oder ein Vorschlag sein, vorausgesetzt, er klingt prägnant und unmissverständlich. Hier lohnt es sich sogar zu übertreiben.

Am Ende muss die Geschichte mit der zentralen Idee verbunden sein. Der Schluss sollte einen Gefühlsausbruch hervorrufen, und das genialste Ende ist, wenn die letzten Äußerungen mit den ersten übereinstimmen.

Wenn wir mit der Öffentlichkeit kommunizieren, denkt jeder von uns normalerweise: „Ich bin euer Held, ich bin gekommen, um euch zu sagen, dass ..., um euch vor ... zu retten und so weiter“. Die Wahrheit ist jedoch, dass man die anderen schätzen muss, damit sie sich einbezogen fühlen. Ohne die Hilfe des Publikums wird deine Idee nicht vorankommen, und deine Geschichte wird nicht gehört werden. Deshalb dürfen wir uns nicht als Helden betrachten, die das Publikum retten. Das Publikum ist unser Held, und die Geschichte ist ihm gewidmet.

Grundsätze der Gleichheit, Freiheit und Einheit in Beziehungen

Die Begriffe „Gleichheit", „Einheit" und „Freiheit" sind seit den Tagen der Französischen Revolution bekannt. Davor und danach haben die Menschen für diese Grundsätze gekämpft. Wir sehen, dass die Menschheit in ein System wirtschaftlicher, sozialer, politischer und kultureller Bindungen eingebunden ist. Dieses System wird Globalisierung genannt, aber es ist nur eine äußere Vereinigung.

Wir wollen über die innere, emotionale Einheit sprechen, die sich auf der Ebene der Gedanken und Wünsche ausdrückt. Die Menschheit befasst sich damit überhaupt nicht, es ist eine Sehnsucht für die ferne Zukunft. Wir sind noch nicht bereit für eine allgemeine Vereinigung und auch nicht in der Lage, sie zu erreichen, obwohl ihre Vorteile klar sind und Hunderte von Studien dies belegen.

Die Menschheit muss ein einheitliches Gebilde sein. Nach all den schwierigen Zeiten, die wir durchmachen, ist die gegenseitige Unterstützung das wichtigste Prinzip in der neuen Gesellschaft, die aufgebaut werden muss. Ja, wir sind alle verschieden, aber auch wenn unsere Interessen unterschiedlich sind, haben wir ein Ziel - wir wollen alle glücklich sein.

Vereinigung ist eines der grundlegendsten Prinzipien der Kommunikation. Vereinigung inspiriert Menschen dazu, sich zu verbinden, aber gegen jemanden, sonst gibt es keinen Grund, sich mit anderen zu verbinden. Dies ist eine falsche Vereinigung, die von vornherein darauf abzielt, jemanden zu zerstören, um sich selbst zu erhöhen; mit anderen Worten, um auf Kosten des anderen zu gewinnen.

Wenn wir nur erkennen könnten, dass die Einheit/ Vereinigung selbst der höchste Wert ist, würden wir verstehen, dass es einen großen Zweck in der Einheit gibt; dass die Entwicklung des Lebens ein Prozess der Vereinigung ist.

In allen Kulturen und über alle Generationen hinweg hat sich die Menschheit nur eine einzige Frage gestellt: Wie kann man die Trennung überwinden, aufhören, sich mit der persönlichen Existenz zu beschäftigen und einen Zustand der Einheit erreichen?

Wenn wir alle unter egozentrischem Denken leiden, müssen wir eine Gesellschaft schaffen, die Werte kultiviert, die zur Vereinigung unter ihren Mitgliedern führen und die Bedeutung der Vorteile von Einheit und Solidarität hervorheben.

Zunächst einmal müssen wir verstehen, dass in einer Gesellschaft, die auf Solidarität und Liebe basiert, jede Werteänderung nur aus einem klaren Verständnis des Zwecks heraus erfolgen kann. Wir müssen uns darüber im Klaren sein, warum wir dies tun. Geht es darum, dem Leiden zu entkommen und zu überleben, oder darum, ein besseres Leben zu führen? Dieses Ziel ist ja auch sehr wichtig. Aber nein, wir tun es, um den Gesetzen der Natur zu gehorchen, die uns seit Millionen von Jahren der Evolution zur Integration, zur integralen Verbindung drängt.

Ein weiteres wichtiges Element in unserer Entwicklung ist die Freiheit. Wir werden das Konzept der Freiheit unter dem Gesichtspunkt der Kommunikation zwischen Menschen untersuchen. Heute wissen wir bereits, dass die Gene und die Umwelt unser Verhalten fast vollständig bestimmen. Wo bleibt also unsere Freiheit?

Einige Wissenschaftler behaupten, dass es in keinem biologischen Organismus Freiheit gibt, einschließlich dem des Menschen. Aber wenn der Mensch seinen egoistischen Charakter überwindet, wenn er „aus sich herausgeht", dann kann er Freiheit finden. Wenn der Mensch in seinem Ego verhaftet ist, sich um sich selbst kümmert und andere zu seinem eigenen Vorteil benutzt, kann man nicht von Freiheit sprechen. In diesem Fall verwirklicht er nur den Plan der Natur, wie jeder andere biologische Organismus. Ein solcher Mensch wird von festen und absolut egoistischen Gesetzen beherrscht. Wir müssen diese Gesetze in der Gesellschaft rationalisieren, um ein angenehmeres Leben zu führen. Es lohnt sich also auf jeden Fall, uns in eine Art Netz von wechselseitigen Beziehungen zu begeben, das Einschränkungen und „Verträge" beinhaltet.

Freiheit besteht aus Beschränkungen, aus einer Reihe von Gesetzen, die uns helfen, einander nicht zu schaden und als Gesellschaft zusammenzuleben. Wahre Freiheit kann als ein bewusstes Bedürfnis definiert werden, mit anderen Menschen richtig umzugehen. Zu lieben und zu geben ohne persönlichen Gewinn, andere zu respektieren und auf sie Rücksicht zu nehmen, das sind freie Handlungen. Sie zu verwirklichen, erfordert viel Kraft, Energie und ein Bewusstsein für die Gründe, die zu einem solchen Verhalten führen. Jeder kann für sich selbst prüfen, wie frei er in seinem Handeln ist.

Schließlich möchten wir noch das Konzept der „sozialen Gleichheit" erwähnen. Denn ohne Gleichheit kann es keine richtige Kommunikation geben. Aber wer definiert Gleichheit, in welcher Hinsicht sind wir gleich, wo wir doch so unterschiedlich sind?

In der Antike herrschte Gleichheit innerhalb der Stände und Ungleichheit zwischen den Ständen. In der christlichen Philosophie des Mittelalters bezog sich das Konzept der Gleichheit auf die Beziehung zu Gott, nicht aber auf die sozialen Beziehungen. In der Renaissance bestand die Idee der Gleichheit darin, jedem die gleichen Chancen zu geben, aber sie berücksichtigte nicht die Natur des Menschen, die uns von vornherein ungleich macht. Die sozialistischen Doktrinen führten uns zur Vereinheitlichung, aber es gibt nichts, was unserer Natur mehr widerspricht als die Vereinheitlichung. In dieser Situation wird die Individualität eines jeden Menschen ausgelöscht, so dass diese Art der Kommunikation nur unter Idealisten oder in primitiven Gesellschaften mit einem unentwickelten Ego existieren kann.

In der Natur erleben wir überhaupt keine Gleichheit. Niemand ist dem anderen gleich, sonst würden wir zu einem Ganzen werden. Das Prinzip der richtigen Kommunikation besteht darin, dass sich jeder durch eine gemeinsame Aktion für ein gemeinsames Ziel oder einen gemeinsamen Nutzen im maximalen Ausmaß entsprechend den persönlichen Fähigkeiten ausdrücken kann. Alle Menschen sollten die gleichen Möglichkeiten haben, und jeder sollte sich selbst richtig verwirklichen können.

Gleichheit bedeutet gegenseitige Ergänzung, nicht Vereinigung. Gleichheit bedeutet nicht „gleich". Wir müssen jeden dazu ermutigen, sein volles Potenzial zum Wohle der Gesellschaft auszuschöpfen. Es spielt keine Rolle, ob jemand Koch oder Premierminister ist. Gleichheit drückt sich darin aus, dass jeder von ihnen alles, was er kann und versteht, zum Wohle der Gesellschaft tut.

Das Herz ist gleichwertig mit den Lungen, der Leber, den Nieren, den Beinen, den Armen und so weiter. Wodurch? Indem alle für ein gemeinsames

Ziel zusammenarbeiten, für das Leben. Darin sind alle gleich. Aber jeder ist anders in seiner persönlichen Arbeit für das Gemeinwohl. Nur so kann der Körper überleben.

Eine solche Situation kann nur durch eine angemessene Erziehung erreicht werden, die ein Bewusstsein für den Zweck der Natur und den Platz jedes Menschen in diesem Prozess entwickelt.

Weisheit der Massen und Gruppenphänomene

Die Menschheit hat schon immer nach Antworten auf lebenswichtige Fragen gesucht und nähert sich intuitiv der Weisheit, die schon seit Tausenden von Jahren existiert. Die Weisheit der Massen ist ein Wissen, das wir sammeln können wie integrales Wissen. Es ist viel über ein Netzwerk geschrieben worden, das die gesamte Menschheit verbindet. Es gibt sogar Bücher, die schon vor Tausenden von Jahren geschrieben wurden und die von der Einheit der Menschheit, von den verborgenen Verbindungen zwischen uns und ganz allgemein vom gemeinsamen System der gesamten Natur sprechen. Ein interessantes Phänomen an diesem Wissen ist, dass unsere Vorfahren es nutzten, dann verschwand es für Tausende von Jahren, und jetzt taucht es wieder auf und wird von Wissenschaftlern erforscht.

Die „Weisheit der Massen" ist nur ein schöner Ausdruck. Denn wenn man es mit einem bestimmten Publikum zu tun hat (z. B. bei Sportwettkämpfen oder spontanen Demonstrationen), wird es in der Regel von niederen Instinkten, Hass und dem Wunsch beherrscht, alles in seiner Reichweite zu zerschlagen. Da ist kein

Platz für Weisheit. Dennoch haben Wissenschaftler mehrere Methoden entdeckt, die es ermöglichen, die kollektive Intelligenz und die Weisheit der Massen zu nutzen. Das sind übrigens zwei verschiedene Konzepte.

Das Niveau der kollektiven Intelligenz hängt von der sozialen Sensibilität der Menschen, der Anwesenheit von Frauen im Team und dem Fehlen eines bestimmten Anführers ab. Die Intelligenz der Teammitglieder ist zweitrangig, Gleichheit und Vielfalt ermöglichen es, die beste Entscheidung im Team zu treffen.

Hier sind die Grundprinzipien, auf denen eine wirksame Anwendung der Weisheit der Massen beruht:

1. Anzahl der Teilnehmer - je mehr Personen an der Lösung des Problems beteiligt sind, desto eher nähert sich das Ergebnis der Perfektion.
2. Unabhängigkeit der Teilnehmer - um eine „komplette Lösung zu erreichen, ist es notwendig, dass die Teilnehmer keinen Druck von außen erfahren. Die effektivste Methode ist eine anonyme Meinungserhebung, damit die Teilnehmer nicht wissen, welche Meinung die anderen haben.
3. Meinungsvielfalt - Menschen mit demselben Beruf oder Menschen, die derselben sozialen Gruppe angehören, denken ähnlich. Um eine echte Meinungsvielfalt zu erreichen, ist es ratsam, eine möglichst breite Streuung der Teilnehmer zu erreichen, von denen jeder aus

einem anderen Umfeld kommt. Das Wichtigste
ist, die Masse in eine einheitliche Gestalt zu verwandeln, das heißt, alle Menschen, die einander
entgegengesetzt und weit voneinander entfernt
sind, zu einem Ziel zu verbinden. Wenn sich die
Massen versammeln, um ein gemeinsames Ziel
zu erreichen, versuchen sie, das Potential jedes
Einzelnen voll zu nutzen, um das gesteckte Ziel
zu erreichen. Das Ergebnis ist, dass es keine
Konflikte zwischen ihnen gibt, sondern dass sie
sich miteinander verbinden. Außerdem werden
nach einem sehr grundlegenden und sehr alten
Prinzip alle Verbrechen (sogar Hass) durch Liebe
bedeckt.

Da es sich um ein integrales System handelt, hat
eine solche Gruppe ihre eigene Intelligenz. Nehmen
wir an, wir verbinden zehn Menschen, von denen
jeder ein bestimmtes Potenzial hat. Die Verbindung
zwischen ihnen wird viel mehr Kraft, Intelligenz und
Emotionen hervorbringen als die Summe der Potenziale
jedes Einzelnen. Dieser Mechanismus ist noch nicht
erforscht worden, aber Wissenschaftler sind dabei, ihn
zu untersuchen. Man nennt ihn den „Synergieeffekt".
Wir wollen versuchen, ihn so zu beschreiben: Wenn
sich Menschen zu einer integralen Gruppe zusammenschließen, entsteht ein Überschuss an intellektueller
Energie, der sich im Gruppenergebnis niederschlägt.

Der Synergieeffekt beschreibt eine Situation, in der das Gruppenergebnis die Summe der Einzelergebnisse übersteigt, das heißt, es erfüllt die Bedingung $1 + 1 > 2$.

Eine solche Situation kann nicht als Ergebnis einer mechanischen Anstrengung entstehen, wenn jeder seinen Egoismus für ein gemeinsames Ziel einsetzt oder sein volles Potenzial nutzt. Hier aktivieren wir einen ganz anderen Naturmechanismus, der uns zu einer ganz anderen Qualität bringt.

Das ist wie bei den Pflanzen, die aus der Verbindung von unbelebten Atomen entstanden sind, und aus einer Kombination von Einzellern entsteht ein Superorganismus - der denkende und fühlende Mensch. Man kann nur erahnen, welche Kräfte in einer solchen Gruppe zum Vorschein kommen, wenn sie sich alle auf einer emotionalen Ebene richtig verbinden.

Es gibt viele andere soziale Effekte, die sich bei der Kommunikation zwischen Menschen zeigen, wie Konformismus, Synergie, Zugehörigkeit, Kontrolle und mehr. Sobald wir diese Effekte kennen, die von der Natur selbst in die Gesellschaft eingeprägt wurden, können wir sie zum Nutzen unserer Evolution mobilisieren. Das Interessanteste daran ist, dass diese Phänomene in der Natur bei allen lebenden Organismen auf der Ebene der Instinkte vorhanden sind. Nur wir Menschen müssen sie studieren, entdecken und bewusst nutzen.

Schauen wir uns einige Beispiele an:

- Die Anwesenheit anderer Menschen kann die Motivation einer Person erhöhen oder verringern.
- Die Wachsamkeit in der Gesellschaft nimmt zu, je näher sich die Menschen kommen.
- Die gegenseitige Sympathie und die Bedeutung der Menschen in der Umgebung eines Menschen erhöhen seine Beteiligung.
- Die Anzahl der Personen ist sehr wichtig. Aber für den Anfang ist die optimale Anzahl nicht mehr als zehn.

Faktoren für die Gestaltung der Gruppenkommunikation:

Der Faktor der Zugehörigkeit zu einer Gruppe - Wenn sich eine Person mit einer Gruppe identifiziert, strebt sie danach, diese zu schätzen, wodurch ihr Status und ihr Selbstwertgefühl gesteigert werden. Es ist notwendig, diesen Faktor ständig zu stärken und zu pflegen, wenn man die Motivation im Team steigern will.

Der Faktor der sozialen Faulheit - Mit zunehmender Zahl der Gruppenmitglieder sinkt der durchschnittliche persönliche Beitrag. Je größer die Zahl der Gruppenmitglieder ist, desto geringer ist auch die persönliche Verantwortung jedes Einzelnen. Die Effizienz einer achtköpfigen Gruppe liegt bei nur 49 %. Die

Lösung für dieses Phänomen ist nur die persönliche Arbeit, die Arbeit jedes Einzelnen an seinem Ego.

*Der Faktor des Konformismus.*Der Gehorsam einer Person gegenüber der Mehrheitsmeinung. Hier ist es besonders wichtig, die Individualität eines jeden Gruppenmitglieds zu bewahren und seine Meinung zu schützen. Man sollte der Person die Freiheit der Wahl lassen, damit sie selbst die Bedeutung der Gruppe und ihre Bereitschaft, sich unter ihren Einfluss zu stellen, erhöht.

Der Nachahmungsfaktor. Nachahmung ist einer der wichtigsten Mechanismen der Gruppenkommunikation. Im Laufe der Interaktion entwickeln die Gruppenmitglieder allgemeine Verhaltensmuster, die ihre Zugehörigkeit zur Gruppe unterstreichen und verstärken. Äußerlich kann sich dieses Phänomen durch das Tragen einer Uniform (z. B. einer Militäruniform oder eines weißen Arztkittels) manifestieren, die deutlich zeigt, welcher sozialen Gruppe die Person angehört und welche Normen ihr Verhalten regeln. Menschen neigen dazu, dem Beispiel von jemandem zu folgen, der ihnen ähnelt, und nicht dem von jemandem, der ihnen nicht ähnelt. Der Faktor Nachahmung ist der Kern des Erwerbs der Gewohnheit und erfolgt freiwillig.

Der Synergie-Faktor. Synergie ist eine hochintellektuelle Energie, die sich entfaltet, wenn sich Menschen zu einer ganzheitlichen Gruppe zusammenschließen. Der Mechanismus dieses Phänomens funktioniert so, dass eine Person, die in eine Gruppe von zehn Personen aufgenommen wird, nicht zehnmal mehr Kraft erhält, sondern tausendmal mehr, weil sie gleichzeitig beginnt, die Kraft der Gesellschaft anzuziehen, die auf einer höheren Stufe als die Kraft des Einzelnen ist.

All diese Faktoren wurden uns ursprünglich von der Natur gegeben, und wenn wir sie richtig nutzen, entdecken wir das wichtigste Gesetz der lebenden Organismen, das Gesetz der Garantie. Dies ist die natürliche Kraft der Wechselbeziehung (Interdependenz), der Abhängigkeit aller von allen. Alle Beteiligten beeinflussen sich gegenseitig in emotionaler, finanzieller, ökologischer und moralischer Hinsicht. Das ist zwar eine große Verantwortung, aber eine Gesellschaft, in der es eine gegenseitige Verantwortung gibt, gleicht einem natürlichen lebenden System und ist daher weniger anfällig. Eine solche Gesellschaft ist eine gesunde Gesellschaft, die in der Lage ist, jede Aufgabe zu erfüllen.

Das Wesen der Verbindung
und deren Wurzeln

Der Prozess, der als „Verbindung" bekannt ist, umfasst die gesamte Natur. Neutronen und Protonen bilden einen Atomkern, und zusammen mit den Elektronen bilden sie Atome, die sich ebenfalls zu Molekülen zusammenschließen. Letztere selbst sind aus verschiedenen Substanzen zusammengesetzt. Die Atome und Moleküle sind sehr klein, und jedes winzige Stückchen Materie, das man sehen kann (z. B. ein Staubfleck), enthält mehr Atome als die Anzahl der Sterne in unserer gesamten Galaxie.

Atome verflechten sich auf unterschiedliche Weise. So wie sich aus den Buchstaben des Alphabets Hunderttausende von Wörtern bilden lassen, so bilden Atome Moleküle oder Kristalle, aus denen sich eine Vielzahl von Materialien bildet. Die Materialien sind nicht ewig, weil die Moleküle, aus denen sie sich zusammensetzen, ebenfalls nicht ewig sind. Die Atome sind jedoch in der Regel unvergänglich, außer bei radioaktiven Atomen.

Jeder von uns trägt in sich Atome, die zur Zeit der Dinosaurier existierten, an der Reise des Kolumbus teilnahmen oder beim Urknall entstanden sind. Dabei handelt es sich hauptsächlich um Helium- und Wasserstoffatome. Das heißt, die Atome, aus denen wir bestehen, befanden sich in den Körpern von Millionen von Lebewesen.

Auch Pflanzen sind miteinander verwandt, sie sind nicht nur durch den gemeinsamen Boden verbunden, auf dem sie wachsen (Feld, Wiese, Wald). Es stellt sich heraus, dass sie auch auf planetarischer Ebene miteinander verwandt sind. Biologen der Universität der britischen Stadt Exeter führten ein Experiment an einer Pflanze (Kohl) durch, die neben anderen Pflanzen stand. Sie schnitten ein Blatt ab, woraufhin die Pflanze Methangas freisetzte. Mit dem Empfang des SOS-Signals erhöhte das in der Nähe wachsende Gemüse den Gehalt an giftigen Substanzen in seinen Blättern, um die ungebetenen Gäste, insbesondere die schädlichen Insekten, zu verscheuchen. Die Forscher glauben, dass nicht nur Gemüse, sondern auch Blumen und Bäume auf diese Weise kommunizieren.

Die folgende Studie veranschaulicht die Zusammenhänge auf globaler Ebene: In der Luft über dem Dschungel im Amazonasgebiet schwebt ständig eine große Anzahl organischer Partikel. Diese Partikel verursachen in der Gegend häufig Niederschläge, wenn sie mit Wasserdampf interagieren. Lange Zeit war es ein Rätsel, woher die Partikel kommen. Die Studie ergab, dass die meisten von ihnen kaliumhaltige Salze enthalten, die aus der tropischen Waldvegetation stammen. Die Wissenschaftler kamen zu dem Schluss, dass der Regenwald den Regen selbst verursacht.

Die Evolution der Natur beweist, dass der Prozess der Globalisierung und Integration, sowohl auf gesellschaftlicher als auch auf globaler Ebene, das heißt, die Umwandlung der ganzen Welt in ein „kleines Dorf", nicht zufällig geschieht. Dies ist ein natürlicher Schritt in der Evolution der Zivilisation. Die ersten Zellen mit Zellkern entstanden vor etwa zwei Milliarden Jahren, und seither hat das Leben auf der Erde verschiedene Formen des Zusammenwirkens durchlaufen. Die Evolution ist ein Weg der Integration, des Zusammenschlusses und der gemeinsamen Entwicklung komplexer Formen. Alle irdischen Lebensformen entwickeln sich als Ganzes. Informationsaustausch, Kooperation und Symbiose waren die Grundlage für die Entwicklung des Lebens seit den ersten Schritten auf der Erde. Das ist etwas ganz anderes als die alten Vorstellungen von einem unaufhörlichen Kampf und einem einzigen Weg für die eigene Entwicklung jeder Spezies.

Der Mensch, die Spitze der Evolution der Natur, bildet da keine Ausnahme. Durch den gemeinsamen Wunsch, Reichtum, Ansehen, Macht und Wissen zu erlangen, haben wir uns zu Stämmen, dann zu Nationen und schließlich zur gesamten Menschheit zusammengeschlossen. Aber hier wurde ein Paradoxon offenbart. Warum erlangen Ameisen oder Vögel durch ihren Zusammenschluss eine Superintelligenz? Warum werden Zellen, die durch unendlich viele Bindungen miteinander verbunden sind, zu einem Lebewesen, welches denken und sich bewegen kann? Warum hingegen können sich Menschen nur zusammenschließen, um effektiv Fußball zu spielen oder ihre eigene Art zu töten? Die Antwort ist ganz einfach.

Alle Ebenen der Natur, mit Ausnahme des Menschen, funktionieren automatisch nach dem Instinkt. Vögel versammeln sich in Schwärmen, um große Entfernungen zurückzulegen, und Schafe scharen sich zur Herde, wenn Wölfe auftauchen. Alles ist für jeden verständlich. Die Wölfe wollen fressen, und die Schafe wollen überleben. Nur der Mensch kann und muss sich im Gegensatz zu den unteren Ebenen (unbelebt, pflanzlich und tierisch) bewusst in Liebe und gegenseitigem Geben vereinen. Nur dann werden wir wahrhaftig rechtfertigen, dass wir „die Spitze der Evolution der Natur" sind, zu deren Zweck wir geschaffen wurden.

Es ist erstaunlich zu sehen, wie alles in der Welt miteinander verbunden ist, und - was noch wichtiger ist - wie durch die gegenseitige Verbindung und Wechselwirkung zwischen homogenen Elementen etwas Vollkommeneres entsteht. Eine Gruppe von Elementarteilchen wird zu einer Substanz. Durch gegenseitige Verbindung können Pflanzen Regen verursachen, ein Ameisenvolk kann Informationen verarbeiten, die eine einzelne Ameise nicht einmal wahrnimmt. Man kann nur erahnen, was die vereinte Menschheit in der Zukunft erwartet, und diese Richtung wird sicherlich neue Möglichkeiten eröffnen, die bisher noch nicht erforscht wurden.

Die Einheit der Natur

Ein eingehendes Studium der Naturgesetze ermöglicht uns, das erstaunliche Geheimnis ihrer Einheit zu verstehen, in der jedes Element das andere ergänzt und für sein Funktionieren notwendig ist. Die Natur muss als ein einziger vollkommener Gedanke betrachtet werden, als eine gemeinsame Kraft, die das gesamte Universum durchdringt. Das Verständnis der Natur darf auf keinen Fall auf ein begrenztes Bild reduziert werden, ein Bild, das wir als den materiellen Teil des Universums, als Pflanze, Tier und Mensch, wahrnehmen. Die Natur ist in der Tat ein Gesamtstrom von Kräften und Informationen.

Nach Millionen von Jahren der Evolution lässt sich feststellen, dass die Natur uns aus zwei Richtungen auf ein bestimmtes Ziel hinführt. Einerseits gibt es eine ständige Integration, eine Vereinigung aller ihrer Teile. Andererseits führen Differenzierung und Teilung zur Entstehung einer großen Vielfalt von Naturelementen. Auf der menschlichen Ebene führt der Integrationsprozess zu einer Stärkung der gegenseitigen Verbindung und der gegenseitigen Abhängigkeit in der Gesellschaft. Der Prozess der Differenzierung verstärkt den Individualismus und Egoismus der

Menschen und führt zu einer größeren Spaltung und inneren Desintegration. Dies ist heute mehr denn je zu beobachten. Es ist eine Ursache für Konflikte, die eine sofortige Lösung erfordern.

Welche Kräfte treiben diesen Prozess an, und gibt es ein Endziel für die Evolution der Natur?

Die Grundlage für alles, was existiert, ist das Zusammenspiel von zwei gegensätzlichen Kräften, der Kraft der Evolution (der Wunsch zu geben) und der Kraft des Empfangens (der Wunsch zu empfangen). Diese Kräfte sind die Haupttriebfedern der Evolution. Sie bestimmen die Existenzprinzipien und die Dynamik der Evolution auf allen Ebenen und Grundlagen des Universums, von den subatomaren Teilchen bis zu den Mega-Galaxien und vom Reich der Mineralien bis zur menschlichen Gesellschaft. Die Kraft der Evolution, der Wunsch zu geben, ist eine primäre Kraft im Verhältnis zum Wunsch zu empfangen und beinhaltet das wichtigste, grundlegende und schöpferische Element, die Energie der Schöpfung.

Die Kraft des Gebens (die Kraft der Evolution) formt, verbessert und verbindet einzelne Teile und schafft gut integrierte Systeme. Unter ihrem Einfluss vereinigen sich Mikropartikel zu Atomen, funktionieren die Zellen eines lebenden Organismus als ein Ganzes, und Menschen bilden menschliche Gesellschaften. Die Ideen der Zusammenarbeit und des Gemeinwohls, der

Globalisierung und der gegenseitigen Hilfe sind allesamt vielfältige Ausdrucksformen dieser Kraft. Die zweite Kraft, der Wunsch zu empfangen, ist das Produkt, das Ergebnis der ersten Kraft, in der nur ein Wunsch nach der eigenen Existenz und Selbstverwirklichung verkörpert wird. Die gesamte Realität um uns herum ist nichts anderes als der Wunsch, eine Erfüllung in verschiedenen Größen zu erhalten. Die Füllung drückt sich auf verschiedenen Ebenen aus, von der Erhaltung der materiellen Struktur bis zur Befriedigung des Bedürfnisses nach Selbstausdruck.

Zwischen diesen Kräften, die sich gegenüberstehen und gleichzeitig untrennbar miteinander verbunden sind, entsteht ein ständig wirkendes Spannungsfeld, in dem sich der evolutionäre Prozess entwickelt. Die Vorstellung, dass der Verlauf der Evolution durch das Zusammenspiel zweier Gegensätze bestimmt wird, ist seit langem bekannt. Es genügt, an den beidseitigen Widerstand zwischen Yin und Yang zu erinnern, der in der chinesischen Mythologie und Philosophie beschrieben wird, oder an den Konflikt zwischen Gut und Böse in den abrahamitischen Religionen. Von besonderer Bedeutung ist die Tatsache, dass sich im modernen Evolutionismus die Theorie der Ko-Evolution herausgebildet hat und demnach die Entwicklung der unbelebten und der belebten Materie durch die Wechselwirkung zwischen zwei Prinzipien, „Ko-Operation" und „Konkurrenz", bestimmt wird. Die Hauptbedeutung wird dem ersten Prinzip beigemessen und nicht dem zweiten. Die Konkurrenz (natürliche Auslese) existiert in einer Form, ist aber eng mit der Form der gemeinsamen Evolution mit allen anderen Systemen der Natur verbunden.

Die Natur offenbart sich uns nicht als eine Arena, in der ein Kampf um einen „Platz unter der Sonne" stattfindet, sondern als ein einziger und riesiger Organismus, in dem die Harmonie dank der gegenseitigen Verbindung der einzelnen Teile auf der Funktionsebene aufrechterhalten wird. Jeder von ihnen führt seine eigenen „egoistischen" Pläne aus, aber nur, wenn sie der Existenz des Ganzen dienen und den Interessen des Gesamtsystems nicht zuwiderlaufen. Ein eingehendes Studium der Grundgesetze der Natur zeigt, dass die Kraft des Gebens und Schenkens (Altruismus) die Grundlage des Lebens ist. Alle Teile der Natur sind gut miteinander verbunden, und das allgemeine Gesetz des Universums ist eine altruistische Vereinigung egoistischer Teile, das Gesetz des Altruismus. Auch der Mensch als Teil der Natur gehorcht diesen Gesetzen.

Von der Natur lernen

Der Begriff „von der Natur lernen" wird sicherlich bei den meisten Menschen Zweifel wecken. Was können wir von der Natur lernen, wenn sich die Menschheit in ihrer historischen Entwicklung immer weiter von ihr entfernt hat? Diese Skepsis ist durchaus verständlich. Der moderne Mensch nimmt die Natur oft nur als unerschöpfliche Quelle von Schätzen, als Ort der Erholung und auch als „Labor" wahr, in dem geforscht und experimentiert werden kann. Wir sind daran gewöhnt, die Natur praktisch zu behandeln und glauben, dass wir das Recht haben, sie zu erobern und nach unserem Willen zu formen.

Der Mensch ist das einzige Lebewesen auf der Erde, das mit Intelligenz ausgestattet und in der Lage ist, die Umwelt zu verändern und etwas zu schaffen, was es in ihr nicht gibt: Kultur, Gesellschaft, Zivilisation. Doch die von der Wissenschaft entdeckte Ganzheit des Universums zwingt uns dazu, die einfache Wahrheit zuzugeben: Wir stehen nicht über der Natur. Vielmehr existieren wir innerhalb eines riesigen und komplexen Systems, mit dem wir durch viele unsichtbare Verbindungen verbunden sind. Wir sind ein besonderer Teil der Natur, eine gewisse Stufe in ihrer Entwicklung.

Die globale ökologische Krise beweist, dass es nicht möglich ist, die Natur von der Gesellschaft und dem Menschen zu trennen. Es ist gerade die gegenseitige Abhängigkeit zwischen ihnen, die jetzt das Schicksal der Menschheit bestimmt. Wir müssen uns bewusst in das globale Natursystem einfügen, seine Gesetze verstehen und lernen, in ihm zu leben, indem wir unsere Aktivitäten regulieren und uns selbst nach diesen Gesetzen verändern.

Was können wir also von der Natur lernen?

Jedes Element in der Natur, vom größten (Galaxie, Sternbild, Planet) bis zum kleinsten (Atom, Molekül) kann als ein separates Element betrachtet werden, das für sich allein existiert. Aber jedes dieser Elemente ist Teil eines größeren und komplexeren Systems, das seine Handlungen aufeinander abstimmt und bestimmt, welchen Gesetzen es folgt. Eine Zelle beispielsweise ist ein System mit einer komplexen Struktur und einem eigenen Leben, aber sie ist nur einer von Milliarden von „Bausteinen“, aus denen der Organismus besteht, das Hauptsteuerungssystem der Zelle. Der Organismus ist auch Teil anderer Systeme, Arten und Populationen. Diese Systeme scheinen ineinander eingebettet zu sein, und es bestehen komplexe und vielschichtige Verbindungen zwischen ihnen.

Wir werden versuchen zu verstehen, wie diese Verbindungen auf der Ebene der menschlichen

Gemeinschaft funktionieren. Je komplexer ein Organismus oder eine Gesellschaft ist, desto größer ist die Anzahl der Teile, aus denen er besteht, und desto stärker ist ihre Integration. Die Aktivität jedes einzelnen Teils hängt von der Aktivität aller anderen Teile ab und umgekehrt. Mit anderen Worten: Alle Teile leben füreinander und helfen sich gegenseitig.

Heute sind wir alle miteinander verbunden und voneinander abhängig. Das Problem ist, dass das Bewusstsein des größten Teils der modernen Menschheit überhaupt nicht mit den Prinzipien übereinstimmt, auf denen das super-integrierte System der Natur aufgebaut ist - ein System, in dem alle Elemente ihre „egoistischen" Pläne ausführen, aber zu einem gemeinsamen Zweck. Mit anderen Worten, in jeder Gesellschaft gibt es zwei Grundgesetze: Empfangen und Geben. Dies ist die Grundlage für die Kommunikation zwischen zwei Individuen.

Jedes Mitglied der Gesellschaft versucht, das zu bekommen, was es für sein Überleben braucht. Das ist sein individueller egoistischer Plan, der natürlich ausgeführt wird. Jeder Mensch muss der Gesellschaft etwas geben und sich um ihr Wohlergehen kümmern. Aber wir empfinden keine gegenseitige Verbindung und Abhängigkeit, deshalb vernachlässigen wir die Anwendung dieses Gesetzes. Wir sehen keinen Zusammenhang zwischen meinem Wohlergehen und dem Wohlergehen der Gesellschaft und kümmern uns daher natürlich nur um uns selbst. Mehr noch, wir spüren oder verstehen nicht, dass die Fürsorge für die Gesellschaft und das Geben an sie ein Gesetz ist, das auf der emotionalen Ebene und nicht auf der Ebene der äußeren Handlungen wirkt.

Altruistisch gegenüber dem anderen zu sein bedeutet, dass wir unsere Absichten, Gedanken und Sorgen auf sein Wohl richten. Wenn jemand seine Gedanken aus altruistischer Absicht auf andere richtet, wünscht er, dass jeder alles hat, was er braucht. Darüber hinaus müssen wir uns nicht nur um die unmittelbaren Bedürfnisse der anderen kümmern, sondern auch dafür sorgen, dass das Bewusstsein aller Menschen gestärkt wird. Das Ziel ist, dass sich jeder als Teil von allen, als Teil des Ganzen fühlt und beginnt, sich entsprechend zu verhalten. Diese Arbeit ist in erster Linie eine innere, mentale Arbeit. Auf den ersten Blick scheint dieser Ansatz etwas absurd, aber er ist der einzige, der unsere gute Zukunft bestimmt.

Zusätzlich zu der inneren altruistischen Haltung gegenüber anderen haben wir die Macht, echte altruistische Handlungen zu vollziehen und insbesondere das Wissen über den Sinn des Lebens und den Weg dorthin zu teilen. Wenn wir diese Erkenntnis an andere weitergeben und sie zumindest das Gefühl haben, an dem Problem beteiligt zu sein und bei der Suche nach einer Lösung mitzudenken und voranzukommen, werden wir positive Veränderungen in dem gesamten System bewirken, von dem wir ein wesentlicher Teil sind.

Es ist zu bedenken, dass die Menschheit derzeit dem natürlichen Altruismus entgegensteht. Schon die kleinste Anstrengung unsererseits bringt uns alle dem Gleichgewicht mit der Natur näher. Dadurch wird das Ungleichgewicht verringert und damit die negativen Auswirkungen in unserem Leben. Die Macht des menschlichen Denkens, unserer Sinne und unserer Gefühle haben den größten Einfluss auf die Welt. Wenn die Gedanken eines Menschen sich verwandeln und ihm erlauben, seine Einstellung gegenüber seinem Nächsten zu ändern, erwirbt er neue Ziele.

Das klingt wie eine Utopie, nicht wahr? Auf jeden Fall, aber wir müssen verstehen, dass dies ein Gesetz ist. Dies ist der Plan, das höchste Ziel der Natur, und wir sind einfach dazu verpflichtet, diesen Gesetzen zu gehorchen. Zu diesem Zweck sind wir mit Emotionen und Intelligenz ausgestattet. Wir sind in der Lage, uns die schrecklichen Folgen des Ungleichgewichts zwischen uns und der Natur vorzustellen, ohne das Leid am eigenen Leib zu erfahren. Heute widersetzen wir uns diesen Gesetzen, und als Folge ihrer Verletzung ist die Menschheit der Zerstörung ausgesetzt, sowohl im Inneren (Depressionen, wirtschaftlicher und familiärer Zusammenbruch) als auch im Äußeren (Wirtschafts- und Umweltkatastrophen und Epidemien).

Naturkatastrophen treten je nach Entwicklungsstand der Gesellschaft auf. Das Leid wächst in dem Maße, in dem wir uns von Ko-Operation, Teamwork und

Solidarität entfernen. Wie bereits erwähnt, sind dies die Grundprinzipien der Entwicklung der in der Natur lebenden Organismen. Wenn wir uns ein farbenfrohes und lebendiges Bild der schlimmsten Situation ausmalen können, bevor wir tatsächlich in sie hineingeraten, kann uns dieses Bild anspornen, uns auf eine gute Zukunft einzustellen, um das potenzielle Übel im Voraus zu verhindern. Auf diese Weise können wir enormes Leid vermeiden und unser Entwicklungstempo beschleunigen. Das allgemeine Wissen über die Ursachen von Krisen und die Wege zu ihrer Überwindung soll die Bewegung der Menschheit zur Korrektur beschleunigen und den Übergang zum neuen Leben näherbringen.

Das Stadium der „oberflächlichen", mechanischen und gewaltsamen Integration ist zu Ende gegangen, und nun hat sich für die Menschheit die Möglichkeit der freien Wahl und der bewussten Entwicklung eröffnet. Ihr Zweck ist es, uns in den Prozess des Eintritts in die neue integrale Welt zu führen. Die am meisten gefragte Fähigkeit des Menschen ist heute die Fähigkeit, „über sich selbst hinauszuwachsen». Das bedeutet, dass wir unsere eigenen Beziehungen und Verbindungen aufbauen werden. Nur auf diese Weise kann man objektiv in Resonanz mit den sich entwickelnden Prozessen treten und evolutionären Stress vermeiden, der auf schwierige und unaufhörliche Weise wirken kann. Aus den Beobachtungen lässt sich schließen, dass die Natur uns scheinbar zum ersten Mal in der Geschichte die

Möglichkeit gibt, die Integration selbständig durchzuführen.

Die Natur ist daran interessiert, unsere Unabhängigkeit und unsere Fähigkeit zu erhalten, freiwillig den Weg der Korrektur zu wählen. Die Anstrengungen, die wir in dieser Richtung unternehmen, werden uns helfen, genau zu erkennen, wo wir von den Gesetzen der Natur abweichen und dann deren negative Auswirkungen erfahren. Wenn uns jede Situation als klare, solide und eindeutige Fakten offenbart würde, wäre uns die Möglichkeit der freien Wahl verwehrt, die das einzige Mittel ist, um das einzigartige Potenzial zu verwirklichen, das dem Grad der menschlichen Evolution innewohnt. Wir würden dann zu Tieren degradiert, die vollständig von den Befehlen des in sie eingebetteten Programms kontrolliert werden. Die Natur hat uns unter einen Schleier des Verborgenen gestellt, um uns die Möglichkeit zu geben, die Lücken selbstständig auszufüllen und vor dem Hintergrund des wahrgenommenen Bildes eine ganzheitliche menschliche Ebene in uns zu schaffen. Wenn wir unsere Fähigkeit, eine freie Wahl zu treffen, richtig einsetzen, werden wir Erfolg haben.

Die geschichtliche Entwicklung der Beziehungen zwischen uns

Die Vereinigung der Menschheit begann mit einer einfachen tierischen Hierarchie, als die Menschheit die Stufen der Stammes- und Gemeinschaftsbeziehung durchlief und ihren ersten Höhepunkt in der Bildung von Imperien erreichte. Das Imperium vereinte verschiedene Völker, aber nur äußerlich mit Gewalt, ohne das Selbstbewusstsein der Menschen wesentlich zu beeinflussen. Die Entstehung der großen Weltreligionen und -kulturen stellte eine neue Stufe der natürlichen, gewaltfreien Integration der menschlichen Gesellschaft dar.

Genau in dieser Zeit entdeckte die Menschheit eine alternative, gewaltfreie Methode, um die endlose Feindseligkeit zu beenden, und zwar in Form von Abraham und seinen Lehren, die in Babylon erschienen. Am Ende des zweiten Jahrtausends v. Chr. entstanden aus den Funken, die Abraham gesät hatte, zwei geistige Zentren. Im Westen formulierte der Pentateuch des Moses den Grundsatz, der später zum Symbol der abrahamitischen Religionen und aller humanistischen Lehren wurde: „Liebe deinen Nächsten wie dich selbst". Im Osten wurde das geistige Fundament der

Dharma-Religionen gelegt. Vor mehr als zweitausend Jahren begannen Religion und Kultur zum neuen, integralen Wesen des Menschen zu werden. Der Mensch begann, sich nicht nur als Individuum, als Bewohner seines Reiches, zu betrachten, sondern auch als Teil einer bestimmten religiösen oder kulturellen Tradition.

Neben den Religionen und Kulturen florierten sowohl die nationale als auch die klassenzugehörige und ideologische Integration. Ermöglicht wurde diese Eingliederung durch soziale und technische Innovationen, die die Kommunikation zwischen den Menschen erleichterten. So machte beispielsweise der Buchdruck die Welt des Buches zugänglich und brachte die Menschen unter einen ideologischen Einfluss. Doch trotz der vielfältigen wechselseitigen Bindungen - Menschen mit der gleichen Nationalität, dem gleichen Glauben und den gleichen grundlegenden, sozialen und kulturellen Merkmalen - konnten die Menschen leicht einen Krieg beginnen. Zufolge kam es zu einer wirtschaftlichen und informativen Integration, die nicht nur einzelne Länder und Regionen, sondern die gesamte Menschheit zu einer Einheit verband.

Durch unser Streben nach Reichtum, Macht und Wissen sind wir untrennbar miteinander verbunden und voneinander abhängig und haben uns zu Stämmen, Nationen und folglich zur gesamten Menschheit zusammengeschlossen. Wir haben Traditionen, Ideen und schließlich sogar Volkswirtschaften weltweit integriert. Wir haben jedoch bewiesen, dass Reichtum, Macht und Wissen uns nicht glücklich machen, dass sie keine Antworten auf die tiefen Fragen nach dem Sinn des Lebens geben und dass sie uns nicht vor Kriegen, Epidemien und globalen Krisen schützen.

Die Verbindung zwischen den Menschen wird sich noch stärker offenbaren, was aber keineswegs bedeutet, dass die Einheit der gesamten Menschheit zum Verlust der Individualität der Einzelnen und der Nationen führen wird. Im Gegenteil, die Menschheit muss die Individualität eines jeden bewahren und entwickeln. Depersonalisierung und Integration sind zwei gegensätzliche Tendenzen, aber in integrierten Systemen ist jedes der verschiedenen Elemente an seinem Platz. Jeder Mechanismus besteht aus verschiedenen Teilen, aber nur wenn jedes Teil das tut, wofür es bestimmt ist, funktioniert der Mechanismus richtig.

Das am weitesten entwickelte System ist die menschliche Gesellschaft. Je mehr ihre verschiedenen Systeme für das Wohlergehen der Gesellschaft als Ganzes arbeiten, desto mehr wird das Gefühl der Gnade in jedem ihrer Bestandteile spürbar. Das Problem ist, dass wir eine solche Gesellschaft selbst schaffen müssen. Sie existiert noch nicht.

Inzwischen ist die Integration, die die Natur auf uns ausgeübt hat, der Grund dafür, dass kein Land unabhängig ist. Die Beziehungen in der modernen Welt sind so stark geworden, dass es unmöglich ist, sie zu durchbrechen und sich zu „isolieren", und die Möglichkeit, eine Mauer zwischen einem Land und der Außenwelt zu errichten, besteht überhaupt nicht. Die einfachsten Dinge werden aus Materialien hergestellt, die von verschiedenen Orten der Welt stammen. Waren die außenwirtschaftlichen Beziehungen in der Vergangenheit nur eine Ergänzung der nationalen Wirtschaft, so sind sie heute fester Bestandteil des Wirtschaftssystems eines jeden Landes, so dass es unmöglich ist, ohne sie auszukommen.

Die wechselseitigen Beziehungen und Abhängigkeiten auf universeller Ebene machen uns verwundbar. Kein Land kann seine Bevölkerung vollständig vor negativen äußeren Einflüssen schützen. Heute in der Ära der Corona-Pandemie wird dies deutlich sichtbar. Es ist unmöglich, sich gegen Viren, sauren Regen, Wirbelstürme, radioaktive Wolken oder in den Ozean gelangte radioaktive Abfälle zu schützen, ganz gleich, wo sie auftreten. Nationale Grenzen können sie nicht aufhalten. Unser Wohlergehen und unser Leben selbst hängen nicht mehr nur von uns und der Politik unseres Landes ab, sondern auch von dem, was in fernen Ländern geschieht. Aus diesem Grund vergleichen Wissenschaftler die moderne Welt oft mit einem Spinnennetz oder einem Netzwerk.

Was nun?

Die Schlussfolgerungen sind selbsterklärend: Um in der „überfüllten» Welt, in der alle voneinander abhängig sind, glücklich zu leben, ist ein hohes Maß an Solidarität, gegenseitiger Garantie und gegenseitiger Koordinierung der Maßnahmen erforderlich. Bei allen Entscheidungen sollten die Interessen aller und alle möglichen Konsequenzen berücksichtigt werden.

Diese Prinzipien sollten für jeden Menschen und jedes Land der Welt grundlegend werden. Nur dann werden die enge Verbindung und gegenseitige Abhängigkeit auf universeller Ebene die riesigen und unerschöpflichen Möglichkeiten der Menschheit eröffnen, d.h. die von uns aufgezählten Regeln werden in eine positive Richtung wirken. Andernfalls werden sie nur zu negativen Ergebnissen führen, wie es heute der Fall ist.

Faktoren der menschlichen Entwicklung

Die Welt um uns herum ist eine Welt der Ergebnisse, während die Wurzeln aller Phänomene, die in ihr auftreten, in den Naturgesetzen liegen. Jedes Objekt oder Phänomen ist das Ergebnis vorangegangener Prozesse. So entsteht zum Beispiel Eis aus Wasser. Eine Pflanze entwickelt sich aus einem Samen, und wir sind eine Fortsetzung unserer Eltern.

Der erste Faktor - die Grundlage

Bei der Entstehung eines Phänomens legt ein Gebilde seine vorherige Form ab und nimmt eine neue Form an. Zum Beispiel können Wassermoleküle die Form einer Flüssigkeit oder eines Festkörpers (Eis) annehmen. Das Gebilde, das seine vorherige Form verlässt und die neue Form annimmt, enthält in sich alle Informationen über alle Phasen seiner Entwicklung.

Tomatensamen zum Beispiel enthalten alle Informationen über die Entwicklung der Pflanze und die Reifung ihrer Früchte. Die Essenz, die dem gesamten Entwicklungsprozess zugrunde liegt und seinen Verlauf bestimmt, wird „Fundament" genannt.

Die Grundlage des Menschen sind die Erbinformationen, die jeder von uns von früheren Generationen geerbt hat. Zu den Tugenden, die wir von unseren Vorfahren „geschenkt" bekommen haben, gehören nicht nur die äußeren Formen, sondern auch persönliche Eigenschaften. Alle Errungenschaften früherer Generationen, Ideen, Gedanken und Meinungen, verlieren ihre frühere Form und werden in Form von Tendenzen und inneren Qualitäten auf uns übertragen - ein Potenzial, das darauf wartet, verwirklicht zu werden.

Der zweite Faktor - Eigenschaften, die sich nicht ändern
Jede Grundlage enthält eine Reihe von Eigenschaften, die in der Praxis angewendet werden können. Einige dieser Eigenschaften sind unveränderlich. Zum Beispiel kann aus einem Weizensamen nur Weizen wachsen und kein Hafer. Außerdem wird eine Giraffe eine Giraffe zur Welt bringen, die sich niemals in einen Löwen verwandeln wird.

Die Entwicklung der natürlichen Eigenschaften eines Menschen im Laufe seines Lebens hängt nur von der Umgebung ab, in der er aufgewachsen ist. Zum Beispiel wird eine Tendenz zur Vergebung zur Entwicklung eines weichen und unterwürfigen Charakters beitragen. Die Entwicklung dieser Eigenschaft hängt jedoch direkt von der Umgebung ab, in der man erzogen wird. Diese Abhängigkeit führt uns zum dritten Faktor.

Der dritte Faktor - Qualitäten, die sich verändern

In jeder Grundlage gibt es Eigenschaften, die sich unter dem Einfluss der Umwelt verändern können. Zum Beispiel variiert die Höhe oder Qualität der Weizenkörner, die aus Weizensamen wachsen, je nach den Eigenschaften des Bodens, der Wassermenge und der Intensität des Sonnenlichts. In ähnlicher Weise können sich auch die inneren Qualitäten, die wir von unseren Eltern geerbt haben, entwickeln oder auch nicht.

Dieser Prozess wird durch den Einfluss des Umfelds beeinflusst. Wenn zum Beispiel eine Person von Natur aus dazu neigt, geizig zu sein, wird das Umfeld, in dem sie aufwächst, die Entwicklung dieser Charaktereigenschaft beeinflussen.

Der Mensch hat jedoch einen gewissen Vorteil gegenüber anderen Ebenen der Natur, denn er kann einige seiner Eigenschaften völlig verändern. Zum Beispiel wird sich die gleiche Tendenz zum Geiz niemals manifestieren, wenn der Mensch von der Gesellschaft volles Vertrauen in das Wohlergehen seiner Existenz erhält und sieht, dass andere den Geiz nicht als positive Eigenschaft betrachten.

Der vierte Faktor - externer Einfluss

Jeder von uns wird von einer bestimmten Umgebung beeinflusst, aber wir werden auch von der breiteren Umgebung beeinflusst, wie z. B. bei Umweltkatastrophen, Epidemien und Wirtschaftskrisen. Diese Ereignisse beeinflussen auch die natürlichen Eigenschaften des Menschen. Zum Beispiel kann sich die gleiche Tendenz zum Geiz angesichts einer Wirtschaftskrise verstärken.

Diese vier Faktoren bestimmen die Entwicklungsstufen eines jeden Geschöpfes. Der erste Faktor ist die Grundlage, alles, was in uns liegt, noch bevor wir geboren werden und ohne unsere Wahl. Bei den anderen drei Faktoren, von denen der wichtigste der Einfluss der Umwelt ist, haben wir die Wahl. Indem wir das richtige Umfeld für unsere Entwicklung wählen, können wir unser Leben verändern und es von einem schmerzhaften Weg voller Leiden in eine spannende Reise verwandeln.

Die Einzigartigkeit des Menschen und der Einfluss der Umwelt

Jeder von uns ist fest davon überzeugt, dass er ganz anders als die anderen und einmalig ist, eben einzigartig. Wir sind auch davon überzeugt, dass wir uns unser Leben selbst aufbauen können, wir müssen nur erwachsen werden und uns von der elterlichen Unterstützung trennen. Das ist in der Tat richtig, aber nur bis zu einem gewissen Grad.

Wir werden versuchen herauszufinden, was genau in unserem Charakter, unseren Gewohnheiten, unserem Geschmack, unserem Lebensstil und unseren Ansichten zu uns gehört und was in uns durch den Einfluss anderer Faktoren existiert und nicht von uns abhängig ist.

Unsere genetische Veranlagung
Dank der genetischen Vererbung ist vieles von unseren Eltern, Großeltern und entfernteren Vorfahren schon vor der Geburt in uns „eingebettet". Sie haben uns Charaktereigenschaften und Aussehen, Krankheiten

oder die Veranlagung dazu, Talente und Interessengebiete vermittelt.

So hängt beispielsweise die Neigung zu „reinem" Altruismus vor allem von den Genen ab, und natürlich geht es noch um viel mehr. Genetiker behaupten, dass die Gene viel mehr bestimmen, sogar die Neigung zu Ehebruch oder Selbstmord. Verwandte können uns aber auch außergewöhnliche Intelligenz, Fähigkeiten eines Musikers oder eines Künstlers verleihen. Es ist kein Zufall, dass viele der großen Komponisten in Musikerfamilien geboren wurden.

Die genetische Belastung spielt also eine wichtige und einflussreiche Rolle für unser Schicksal. Leider können wir das „Erbe", das wir erhalten, nicht kontrollieren und nicht bestimmen, ob es gut oder schlecht sein wird, das liegt nicht in unserer Hand. Dennoch sollte die Rolle dieses „Erbes" nicht überbewertet werden. Die Wirkung der Gene ist nicht absolut, und sei es nur, weil die Umwelt noch mehr zu unserer Individualität beiträgt, angefangen beim engsten Kreis, der Familie, bis hin zum weit entfernten Kreis, der Gesellschaft als Ganzes.

Unsere Familie

Die Familie ist unser ursprüngliches Umfeld, das erste und wichtigste Umfeld, das uns „formt" und das Potenzial hat, unsere genetischen Qualitäten zu entwickeln oder sie zum Verschwinden zu bringen. In der

Familie macht das Kind seine ersten Erfahrungen mit der Sozialisierung. Diese Erfahrung ist bei weitem nicht für alle gleich, da gemeinsame und einheitliche Normen und Regeln in jeder Familie auf vielfältige Weise wahrgenommen und praktiziert werden.

Nehmen wir an, ein Kind hat kein Gen für Altruismus. Wenn seine Eltern es zu Altruismus erziehen und ihm ihr Verhalten vorleben, wird es sein Leben wahrscheinlich nicht dem selbstlosen Dienst an der Menschheit widmen, aber es wird zumindest lernen, seine egoistischen Bestrebungen zu kontrollieren und zu zügeln. Wenn ein solches Kind in eine Familie hineingeboren wird, in der Bewunderung für Geld und Konsum vorherrscht, ist es wahrscheinlich, dass es mit der Zeit zu einem vollständigen Egoisten wird.

Die Eltern können dem Kind helfen, sich zu entwickeln, oder umgekehrt, die Entwicklung der ihm innewohnenden Tendenzen zu verzögern. Natürlich können wir uns nicht aussuchen, in welche Familie wir hineingeboren werden und was unsere Eltern uns beibringen werden. Deshalb können wir, wie bei den Genen, nichts ändern.

Der Einfluss der Gesellschaft

Die Gesellschaft beeinflusst uns viel mehr als die Familie, ob wir uns dessen bewusst sind oder nicht. Die Gesellschaft, in der wir leben, zwingt uns, die von ihr akzeptierten Normen zu erfüllen. Sie schreibt uns vor, wie wir uns kleiden, wie wir unser Haus gestalten, was wir essen, wie wir uns zu Hause und in der Öffentlichkeit verhalten, wie wir ein Familienleben aufbauen, wonach wir streben, welche Ziele wir uns setzen, was die Konzepte von Gut und Böse, Liebe, Wahrheit, Schönheit, Arbeit usw. sind. All dies wird hauptsächlich unter dem Einfluss der Gesellschaft geschaffen.

Nehmen wir zum Beispiel die Einstellung zur Armut. Im christlichen Europa des Mittelalters wurde Armut nicht als schlecht angesehen. Die Bettler verkörperten das Ideal, auf alles Gute in der Welt zu verzichten. Im Zeitalter des Kapitalismus änderte sich die Einstellung ihnen gegenüber dramatisch, denn der Held des Tages war ein Unternehmer, der es verstand, Geld zu verdienen und sich selbst und anderen Nutzen zu bringen. Die Bettler wurden in den Augen der Gesellschaft zu Müßiggängern, und es wurden sehr grausame Gesetze erlassen, um das Phänomen auszurotten.

Die moderne Gesellschaft ist ein Umfeld, das eine Kultur der Spaltung, des Wettbewerbs, des Konsumverhaltens und des Narzissmus fördert... und die Liste ließe sich fortsetzen. Wir leben in einer Gesellschaft, die exzessiven Konsum sehr schätzt, einer Gesellschaft, in der Geben und Fürsorge nur schöne Worte sind, und wer nach diesen Werten handelt, gilt als Trottel. Wenn man also zu den Menschen sagt: „Lasst uns vereinigen", lachen alle, weil sie unbewusst verstehen, dass dies eine unmögliche Aufgabe ist, obwohl sie sich der vielen Vorteile der Einheit für alle bewusst sind.

Die Situation in der heutigen Gesellschaft ist dramatisch, unsere egozentrischen Werte trennen uns zunehmend, während die äußeren Bedingungen auf eine stärkere Verbindung drängen. Deshalb ist es jetzt wichtig zu lernen, wie wir das Kommunikationssystem zwischen uns organisieren können, indem wir die Werte der Umgebung verändern.

Selbst wenn wir verstehen, wie wichtig es ist, mit anderen in Verbindung zu treten, werden wir nicht in der Lage sein, das zu tun. Unsere egoistische Natur wird es uns nicht erlauben, zu handeln, ohne von der Gesellschaft eine Belohnung zu erhalten. Wenn Qualitäten wie Einigkeit und gegenseitige Garantie von der Gesellschaft geschätzt werden, werden wir in der Lage sein, uns um alle zu kümmern. Eines ist nun klar: Die Fähigkeit des Menschen, seine Umwelt zu verändern, ist seine freie Entscheidung.

Der erste Schritt ist eine Neubewertung der Werte durch die Gesellschaft und durch jedes ihrer Mitglieder. Dann müssen die Menschen motiviert werden. Sie sollten eine Antwort auf ihre Bedürfnisse, ihre Neugier, ihre finanzielle oder gesundheitliche Sicherheit erhalten, und dann können sie spüren, dass die Erfüllung, die sich aus ihrem Geben an die Gesellschaft ergibt, weit größer ist als jede egoistische Erfüllung.

Um dieses Ziel zu erreichen, haben wir nur ein Mittel: die öffentliche Meinung. Nichts ist dem Menschen wichtiger als die Meinung der anderen. Die Menschen neigen dazu, zu leugnen, dass sie von dem Wunsch beseelt sind, Anerkennung für ihr Handeln zu erhalten. Wenn man sie nach ihrer Motivation für eine bestimmte Handlung fragt, sind sie in der Regel überrascht. Sie werden immer auf Neugierde oder sogar finanziellen Gewinn verweisen, aber niemals zugeben, dass ihr Motiv soziales Lob ist. Indem wir die Gesellschaft verändern, können wir also auch uns selbst verändern.

Freiheit der Wahl

Der Hauptunterschied zwischen dem Menschen und anderen Lebewesen ist nicht die Intelligenz und schon gar nicht der Körper. Der Hauptunterschied ist die Fähigkeit zu wählen, ich tue, was ich will, und deshalb werde ich als Mensch betrachtet. Meine Entscheidungen hängen nicht von äußeren Umständen ab, sondern von etwas Innerem. Ist das wahr?

Einerseits ist der Mensch ein komplexes Wesen und lässt sich nicht auf eine Summe mehrerer Begriffe wie Gene + Familie + Gesellschaft reduzieren. Andererseits, wenn wir unser Leben betrachten, werden wir feststellen, dass wir uns nicht so oft entscheiden. Geburt, Tod, Charaktereigenschaften, Vererbung, Umwelteinflüsse, unsere Veranlagung, alles selbst in die Hand zu nehmen - all das lässt dem Menschen nur eine begrenzte Wahl.

Hast du dich jemals gefragt, ob du überhaupt eine Wahlfreiheit hast? Wenn wir uns im Rahmen unserer egoistischen Natur bewegen, die darauf abzielt, mit einem Minimum an Aufwand ein Maximum an Vergnügen zu erhalten, von welcher Wahl können wir dann sprechen? Wir berücksichtigen nur bestimmte Umstände, die uns von der Umwelt auferlegt werden, aber im Prinzip agieren wir nur unter dem Einfluss eines einzigen Faktors, nämlich unseres Egoismus, mit dem Ziel, ihn in jedem Moment zu befriedigen.

Die Freiheit der Wahl ist also in erster Linie die Freiheit von unserer egoistischen Natur. Die Befreiung von der egoistischen Natur ist keineswegs eine leichte Aufgabe, und der Mensch kann sie nicht allein bewältigen. Es besteht immer die Gefahr, dass er sich „verrennt" und einen Fehler macht, isoliert bleibt oder sich selbst oder anderen schadet. Um solche Situationen zu vermeiden, müssen wir eine richtige und gute Umgebung schaffen, eine Art Miniaturgesellschaft. Das Wichtigste ist, dass wir uns in die richtige Richtung entwickeln können, denn die richtige Umgebung wird uns unterstützen und nähren. Ein solches Umfeld schafft die besten Voraussetzungen für unser Wachstum, es wird uns vorantreiben.

Stell dir ein globales Netzwerk vor, das die ganze Welt umspannt, ein Netzwerk, das aus Menschen besteht, die in verschiedenen Ländern auf verschiedenen Kontinenten leben und das aus vielen kleinen Gruppen von 10 bis 15 Personen besteht. Alle Menschen, die zu diesen Gruppen gehören, versuchen, sich von ihrem Ego zu befreien, es zu transzendieren und diese Idee in ihr Leben und in das Leben ihrer Lieben und Freunde zu integrieren.

Warum ist eine Gruppe besser? Weil man in einer Gruppe direkte, persönliche Kontakte knüpfen kann und ein besseres Gefühl für die Menschen um einen herum bekommt. Natürlich ist dies nur der erste Schritt. Anfangs ist der Mensch in der Lage, in einem Maßstab zu arbeiten, der seinem egoistischen Bewusstsein entspricht, so dass ein kleiner Kreis von Menschen für ihn die angenehmste Umgebung ist. Mit der Zeit wird sich der Kreis ausdehnen und immer mehr Teilnehmer umfassen, und schließlich werden diese Bedingungen es jedem ermöglichen, die gesamte Menschheit in sich aufzunehmen.

Dies ist die Essenz der Wahlfreiheit. Wir Menschen sind in der Lage, ein Umfeld zu schaffen, das uns hilft, unsere eigenen Grenzen zu überwinden, uns in andere einzugliedern und die integrale Kraft zu spüren, die die gesamte Menschheit als einen einzigen Organismus vereint.

Die Krise in der modernen Gesellschaft

Krisen sind in der Geschichte keine Seltenheit. Die Menschheit hat viele Krisen erlebt. Einige von ihnen haben wir relativ leicht überwunden, andere waren schwieriger und haben große Verluste und viel Leid verursacht. Die aktuelle Krise ist jedoch anders als ihre Vorgänger. Die Wissenschaftler sprechen von einem seltenen Zustand der Sackgasse, der nicht auf herkömmliche Weise mit traditionellen Lösungen überwunden werden kann, weil die Krise zum ersten Mal auf globaler Ebene auftritt. Die derzeitige Krise ist global. Sie betrifft alle Bereiche der menschlichen Tätigkeit. Sie betrifft das Leben jedes Einzelnen und die Menschheit als Ganzes. Heute gibt es nicht einmal mehr eine völlig „gesunde" Gesellschaft auf dem Planeten, die ein Beispiel für andere sein könnte. Die gesamte Menschheit leidet an einer schweren Krankheit, und das bedeutet, dass wir alle gemeinsam nach einem Heilmittel suchen müssen. Doch sehen wir uns zunächst die Symptome dieser Krankheit an.

Hier sind einige Symptome der Krise:

Übermäßiges demografisches Wachstum

Vor etwa 5.000 Jahren lebten nur 30 Millionen Menschen auf der Erde. Bis zum Jahr 1500 war die Bevölkerung auf 450 Millionen Menschen angewachsen, und im Jahr 1900 erreichte sie 1,65 Milliarden. Im 20. Jahrhundert kam es zu einer wahren Bevölkerungsexplosion. 1996 betrug die Zahl der Menschen 5,8 Milliarden, und heute sind es bereits mehr als 7 Milliarden. Wissenschaftlern zufolge bedrohen uns aufgrund der Bevölkerungsexplosion Hunger, Epidemien, Unruhen und blutige Kriege.

Die Verbreitung von Kernwaffen

Heute verfügen neben den bekannten Atommächten etwa 30 Länder über die technischen Möglichkeiten, eine Atombombe herzustellen, und diese Zahl wird wahrscheinlich weiter steigen. Noch schlimmer ist, dass Atomwaffen in die Hände von Terroristen oder globalen kriminellen Organisationen gelangen könnten, deren Handlungen keinerlei Kontrolle unterworfen sind.

Internationaler Terrorismus

Kein Land der Welt, nicht einmal die mächtigsten Militärmächte, ist vor der Bedrohung durch den globalen Terrorismus geschützt. Keiner weiß, wann und wo er zuschlagen wird. Der internationale Terrorismus und die Kriminalität entwickeln sich zu einem Weltkrieg. Dies ist eine besondere Art von Krieg, da es keine Frontlinie gibt und einer der Gegner „unsichtbar" ist.

Instabilität der Weltwirtschaft

In jüngster Zeit sind die globalen Märkte zusammengebrochen, und es sind akute Finanz- und Wirtschaftskrisen ausgebrochen. Diese Krisen sind sowohl für die armen Länder als auch für die entwickelten reichen Länder ein schwerer Schlag.

Arbeitslosigkeit

Die Arbeitslosigkeit ist schon lange kein zufälliges und vorübergehendes Phänomen mehr. Sie hat einen festen Platz im Leben der modernen Gesellschaften eingenommen und nimmt ständig zu.

Ungleichheit in der wirtschaftlichen Entwicklung

Die moderne Welt ist in zwei ungleiche Teile aufgeteilt, den reichen „Norden" und den armen „Süden". Etwa 3 Milliarden Menschen (fast die Hälfte der Weltbevölkerung) leben in Armut.

Krise im Bildungssystem

Ein ernsthaftes Problem ist der Rückgang des Niveaus der allgemeinen Bildung, insbesondere in den Schulen. Ein weiteres, nicht minder wichtiges Problem ist, dass Schule und Hochschule den Schülern keine richtige Vorstellung von der modernen Welt vermitteln. Sie erklären nicht, wie man leben und welche Werte man einhalten sollte, mit anderen Worten, das moderne Bildungssystem erzieht uns nicht zum Menschsein. Daraus resultieren die vielen Probleme der jungen Generation, wie das Streben, in der virtuellen Realität zu bleiben, die Abhängigkeit von Drogen und Alkohol, die Neigung zu Gewalt und Vandalismus, das Gefühl der Einsamkeit, der Mangel an Selbstverwirklichung, Depressionen und vieles mehr.

Depression und Selbstmord

Nach Angaben der Weltgesundheitsorganisation leiden über 350 Millionen Menschen sowohl in armen als auch in reichen Ländern an Depressionen, die auf der Liste der häufigsten Krankheiten an erster Stelle stehen. Jedes Jahr ereignen sich weltweit mehr als 800.000 Selbstmorde. Laut Statistik ist Selbstmord eine der häufigsten Todesursachen in der Altersgruppe der 15- bis 29-Jährigen. Auch Menschen im Alter von 70 Jahren und darüber neigen zum Selbstmord.

Luftverschmutzung

Die Luftverschmutzung wird hauptsächlich durch ein Übermaß an giftigen Stoffen verursacht, die in Autoabgasen und Industrieabfällen enthalten sind. Ihre Emissionen führen dazu, dass sich in der Atmosphäre

Treibhausgase ansammeln, die die Ozonschicht (die Hülle, die die Erde vor Sonneneinstrahlung schützt) abbauen und zahlreiche Klimaveränderungen verursachen. Die Meinung der Wissenschaftler ist geteilt. Einige glauben, dass eine globale Erwärmung zu erwarten ist, andere sprechen von einer globalen Abkühlung. Auf jeden Fall sind die Zunahme der Naturkatastrophen und die extremen Wetteranomalien nicht zu übersehen. Wirbelstürme, Überschwemmungen, Waldbrände, Erdbeben und Dürreperioden suchen uns heim, und die Prognosen für die nahe Zukunft sind nicht gerade beruhigend.

Wasserverschmutzung

Eine riesige Menge an Schadstoffen, einschließlich radioaktiver Abfälle wird in die Ozeane gekippt. Die Menge des ins Meer gekippten Öls erreicht 600.000 Tonnen pro Jahr. Blei, Quecksilber, Pestizide und Nitrate dringen in das Grundwasser, in Flüsse und Seen ein. Die Menge an sauberem Süßwasser nimmt stetig ab, und der Fischbestand schrumpft.

Pandemien

Die Corona-Pandemie diente als Katalysator für Prozesse, die bereits im Gange waren, sie beschleunigte sie und machte sie deutlicher sichtbar. Das Virus ist wie ein Erdbeben, das instabile Strukturen zum Einsturz bringt, auch solche, deren Fassade recht attraktiv aussah.

Habt ihr euch jemals gefragt, warum in allen Büchern der Prophezeiung die Zukunft als Apokalypse beschrieben wird? Warum konnten sie uns nicht eine schöne Zukunft beschreiben? Gibt es sie nicht? Die Sache ist die, dass die Zukunft von uns abhängt, wir schaffen sie. Die Zukunft existiert potenziell, als Aufzeichnung in unseren Genen, aber wie sie zum Ausdruck kommt, hängt von uns und von den Beziehungen zwischen uns ab. Die Bindungen zwischen uns sind es, die unsere Zukunft bestimmen.

Die Krise und der Kampf gegen sie zeigen deutlich, dass die Menschheit nicht in der Lage ist, die Welt zu „managen". Alles gerät außer Kontrolle, die Natur, das soziale Leben und die Technologie, obwohl die intelligente Technologie zur Berechnung von Risiken und die Methoden zur Vorhersage von Katastrophen immer besser werden. Die Menschheit ist zunehmend hilflos, und die Misserfolge bringen uns dazu, uns zu fragen, warum die Natur nicht so auf unsere Aktivitäten reagiert, wie wir es gerne hätten. Was machen wir falsch?

Wie die Ärzte sagen, ist eine korrekte Diagnose der halbe Behandlungserfolg, aber das Verschweigen oder Verdecken der Krankheitssymptome und die Missachtung der Schwere der Erkrankung stellen eine direkte Bedrohung für das Leben dar.

Um die Hauptursache für all die Probleme zu finden, sollten wir uns zunächst der Wirtschaft zuwenden. Wir dürfen nicht vergessen, dass die Wirtschaft die materielle Grundlage unseres Lebens ist. Sie spiegelt am besten die Art unserer Beziehungen, unsere Ziele und die Richtung wider, in die sich die Gesellschaft entwickelt. Milliarden von Dollar werden heute in die Werbung investiert, um uns dazu zu bewegen, Dinge zu kaufen, die wir gar nicht brauchen. Die überschüssigen Waren werden oft nur zu dem Zweck produziert, die Preise zu senken, und landen auf einer Mülldeponie.

Eine Wirtschaft, die auf übermäßigem Konsum basiert, verschwendet natürliche Ressourcen, erzeugt Berge von Müll und wirkt sich letztlich negativ auf die Menschen aus. Dennoch entwickelt sie sich weiter, da sie einer bestimmten Gruppe von Menschen riesige Gewinne einbringt.

Die Faktoren, die sich am stärksten auf das Glück des Menschen auswirken, sind soziale Bindungen, Zeit mit der Familie, Zeit mit Freunden, ehrenamtliche Tätigkeiten. Doch seit 30 Jahren wird uns von interessierter Seite eingeredet, dass der Konsum das höchste Glücksgefühl hervorruft. Wer profitiert davon?

Der Hauptgrund für die globale Krise liegt auf der Hand: Es ist unser Egoismus, der ein noch nie dagewesenes Ausmaß erreicht hat und sich in allen Bereichen unseres Lebens und Handelns niederschlägt. Der Egoismus hat die Menschen zu gegenseitigen Konfrontationen und die gesamte Menschheit zur Konfrontation mit der Natur geführt. Die Menschheit ist das schwache Glied in der Natur geworden. Es ist ein „falsches", aber sehr aggressives Glied, das die Homöostase - das Gleichgewicht zwischen Geben und Nehmen - stört. Das Missverstehen der gesellschaftlichen Gesetze ist die Hauptursache für die Krise. Sich dieser Gesetze nicht bewusst zu sein, entbindet uns nicht von der Verantwortung.

Wir verstehen nicht und sind nicht in der Lage, die Auswirkungen der zwischenmenschlichen Beziehungen auf alle Bereiche unseres Lebens zu beurteilen. Wir sehen nur ihre Folgen. Der Mensch versteht nicht, dass die Gesetze der Gesellschaft die gleichen sind wie die Gesetze der Natur. Die Probleme in der Ökologie, der Kultur, der Bildung und der Sicherheit sind Ausdruck des anormalen Beziehungssystems zwischen uns und rühren direkt daher. Solange der Mensch nicht das Böse in seiner egoistischen Natur erkennt und begreift, dass es in der gesamten Natur das einzige Element ist, das nicht korrigiert ist, wird er sich nicht ändern können. Das Bewusstsein der Existenz des Egoismus als Übel ist der erste Schritt zur Veränderung.

Kluge Leute sagen, dass der derzeitige Weg der Evolution eine Sackgasse ist, da er zu einer Krise geführt hat. Darüber lässt sich nicht streiten. Der Weg aus der Krise liegt in der allgemeinen Einheit. Es gibt nur noch eine ungelöste Frage. Wie kommen wir zu dieser allgemeinen Einheit?

Die Lösung besteht darin, eine Gesellschaft zu schaffen, die den Zusammenhalt fördert, die Bedeutung von

Werten wie Solidarität erhöht und deren Nutzen und
Gewinn für jedes ihrer Mitglieder lobt. Um die Bildung
neuer sozialer und persönlicher Werte zu ermöglichen,
ist ein entscheidender Einfluss auf die Medien und das
Bildungssystem erforderlich.

*Die Öffentlichkeit braucht dringend Wissen über
die folgenden Themen:*

- Die menschliche Natur und die Natur der Welt
  und ihrer Ganzheit.
- Der zielgerichtete Charakter der Krise.
- Die egozentrische Einstellung zum Leben als
  Ursache der Krise.
- Überwindung der Krise durch die Verankerung
  wichtiger Werte in der Gesellschaft.

Was ist notwendig, um die Schaffung neuer gesellschaftlicher und persönlicher Werte zu ermöglichen?
Die politischen, finanziellen und wirtschaftlichen Eli-
ten müssen mit Unterstützung von Wissenschaftlern,
Schriftstellern, Journalisten, Künstlern und Kulturschaf-
fenden eine langfristige, zielgerichtete Politik der öffentlichen Meinungsbildung betreiben. Ziel ist es, jede Aktion
oder versuchte Aktion zu unterstützen, die darauf abzielt,
die Beziehungen zwischen den Menschen zu verändern.

Jedem sollten die Vorteile einer Veränderung
der Beziehungen zwischen den Menschen in der
Gesellschaft vor Augen geführt werden. Auf den ersten

Blick mag diese Idee zwar schön, aber auch etwas naiv und unpraktisch erscheinen. Die praktische Anwendung dieser Idee führt jedoch zu sehr konkreten Ergebnissen in der Gesellschaft und in der Wirtschaft.

- Erstens schafft allein die Diskussion über positive soziale Werte eine positive Atmosphäre, die eine notwendige Voraussetzung für Wachstum und Wohlstand ist. Es wird ein Gefühl der Veränderung in der Luft liegen und das Herz wird mit Hoffnung auf eine bessere Zukunft erfüllt sein. Eine Gesellschaft, die Werte wie gegenseitige Bürgschaft, Gemeinschaft und Rücksichtnahme auf gegenseitige Interessen fördert, schafft allmählich Vertrauen in menschliche Beziehungen.
- Zweitens: Wenn die Öffentlichkeit und die Wirtschaftspresse nicht diejenigen loben, die in diesem Jahr am meisten verdient haben, sondern diejenigen, die der Gesellschaft den größten Nutzen gebracht haben, wird sich das menschliche Streben auf natürliche Weise positiv entwickeln und zum allgemeinen Wohlstand beitragen.
- Drittens wird eine Atmosphäre der Rücksichtnahme auf die gegenseitigen Interessen zu einer Senkung der Lebenshaltungskosten führen.

Die Lösung liegt in der Veränderung der gesellschaftlichen Werteskala und der Schaffung eines gesunden Verhältnisses zwischen dem Menschen und seinem Freund sowie zwischen dem Staat und seinen Bürgern. Das Prinzip der Solidarität wird uns zu wahrer sozialer Gerechtigkeit führen und ist daher der Schlüssel zu Stabilität und Wohlstand.

Schließlich ist es wichtig, sich daran zu erinnern, dass all die oben genannten Maßnahmen, auch wenn sie logisch sind, nicht unbedingt funktionieren werden. Wir müssen verstehen, dass all der Wertewandel, all die schönen Worte wie Solidarität und Liebe nur dann wahr werden, wenn es ein klares Verständnis des Zwecks gibt, wofür wir das tun. Um zu überleben, um ein besseres Leben zu haben? Nein, wir tun dies, um den Gesetzen der Natur und ihrem Plan zu gehorchen; um bewusst am Prozess der Evolution teilzunehmen. So wie uns klar ist, dass wir das Gesetz der Schwerkraft beachten müssen, so müssen wir uns auf das Gesetz der Homöostase in der Gesellschaft beziehen.

Das Wesentliche der Arbeit in unserem Leben

Oft erleben wir die Arbeit als lästige und unangenehme Pflicht und verbringen unsere Tage in Vorfreude auf den Urlaub oder träumen vom Ruhestand. Doch die Arbeit spielt in unserem Leben eine wichtigere Rolle, als wir denken. Was gibt uns die Arbeit außer der Tatsache, dass sie eine Quelle des Lebensunterhalts ist? Soziologen und Psychologen behaupten, dass die Arbeit einen großen Beitrag für uns leistet, hier sind einige ihrer Vorteile:

- Unserer kreativen Seite Ausdruck verleihen.
- Freundschaften schließen.
- Eine Agenda, Disziplin und die Schaffung eines klaren Rhythmus in unserem Leben.
- Jede Arbeit steigert das Selbstwertgefühl eines Menschen, auch wenn sie nicht sehr interessant oder vielversprechend ist.

Wir verbringen die meiste Zeit unseres Lebens bei der Arbeit, und die meisten Aspekte des Lebens sind in irgendeiner Weise mit der Arbeit verbunden.

Daher neigen Arbeitslose dazu, sich verloren zu fühlen, Langeweile und Apathie zu empfinden und das Vertrauen in sich selbst und ihre soziale Bedeutung zu verlieren.

War dies schon immer der Fall?

Arbeit begann als eine Tätigkeit, die darauf abzielte, das Notwendige für das Leben des Menschen und seiner Familie zu beschaffen. Später kam der Gedanke auf, eine materielle Entschädigung für die Anstrengungen zu erhalten. Im Laufe der Geschichte hat sich die Art der Arbeit verändert: Zuerst arbeiteten die Menschen aus der Not heraus, dann wurde ihnen Arbeit aufgezwungen und schließlich wollten sie selbst arbeiten.

Interessanterweise mögen 80 % der Menschen ihren Job nicht. Wir arbeiten lange, um Dinge zu kaufen, die wir nicht brauchen, um Menschen zu beeindrucken, die uns egal sind. Warum tun wir das und was ist der motivierende Faktor bei unserer Arbeit - Gehalt, Karriere, interessante Aufgaben, ein gutes Umfeld? Schauen wir uns die Quelle der Motivation anhand eines Gleichnisses an: Ein Wanderer trifft in der Wüste einen Mann, der einen schweren Stein rollt, und fragt ihn:

„Was machst du da?".

„Siehst du das nicht? Ich rolle einen Stein und ich leide."

Er trifft eine andere Person, die dasselbe tut, und fragt sie:

„Was machst du da?".

„Ich arbeite im Schweiße meines Angesichts für meine Familie."

Er trifft eine dritte Person und stellt auch ihr die gleiche Frage.

Der Mann lächelt und antwortet: „Ich baue den Tempel".

In all diesen Fällen wird die gleiche Arbeit verrichtet, aber die Motivation ist unterschiedlich. Die Motivation hängt immer davon ab, was der Mensch will. Solange unsere Grundbedürfnisse nicht befriedigt sind, hat es keinen Sinn, über andere Motive nachzudenken. Sobald diese Bedürfnisse aber erfüllt sind, spielen sie keine Rolle mehr. Dann werden der Teamgeist, die moralische Ermutigung und die Selbstverwirklichung deutlich.

Die beste Art, die Motivation zu steigern, ist ein ständiges System der Bildung und Erziehung, damit der Mensch selbst verinnerlichen kann, dass er ein nützliches Element in der Gesellschaft werden muss. Eine solche Erziehung wird ihn ermutigen, einen Beruf zu wählen, in dem er der Gesellschaft den größtmöglichen Nutzen bringen kann.

Man muss arbeiten, auch wenn man über ein Einkommen verfügt, denn Arbeit ist nicht nur ein Mittel zur Befriedigung der notwendigen Bedürfnisse, sondern vor allem ein Mittel zur Kommunikation mit anderen. Man muss arbeiten, um Teil der Gesellschaft zu sein, nicht um Geld zu verdienen. Arbeit muss ein Mittel sein, um sich in eine menschliche Gemeinschaft einzugliedern.

Das ist nur die eine Seite der Medaille. Vielleicht sollten wir überhaupt nicht arbeiten, um soziale Beziehungen aufzubauen? Aber dann stellt sich die Frage, was mit der Arbeitslosigkeit geschehen soll? Wir erleben heute sehr große Veränderungen, und es scheint, dass die Tage der „Arbeitsgesellschaft" bald gezählt sind. Nahezu ein Drittel der Weltbevölkerung ist vom Arbeitsplatzverlust bedroht oder wird voraussichtlich auf Teilzeitarbeit umsteigen. Das bedeutet nicht, dass die Menschen nicht mehr arbeiten sollten. Aber die Arbeit in ihrer jetzigen Form wird keinen zentralen Platz mehr im menschlichen und gesellschaftlichen Leben einnehmen. Man kann davon ausgehen, dass nur noch ein kleiner Teil der Gesellschaft, etwa 20 %, in der Produktion und im Management tätig sein wird, der Rest wird in Teilzeit arbeiten oder gar nicht mehr arbeiten.

Der technische Fortschritt befreit den Menschen nicht nur von der Arbeit, sondern es gibt noch einen anderen, viel wichtigeren Grund. Dies sind die letzten Tage der modernen Wirtschaft, die auf übermäßigem Konsum beruht. Das Coronavirus trägt dazu bei, diesen Prozess zu beschleunigen, und in der neuen Realität wird sich auch die Art der Arbeit ändern. Die Menschen werden damit beschäftigt sein, Beziehungen aufzubauen, freundschaftliche Beziehungen werden das Hauptprodukt ihrer Aktivitäten sein, und die Anerkennung, die sie dafür von der Gesellschaft erhalten, wird sie motivieren, das Ergebnis ist eine Art „Paradies". Dies ist in der Tat ein Diktat der Natur, ein Prozess, der in der Menschheit stattfindet und den wir nicht verhindern können.

Gesundheit in der egoistischen Gesellschaft

esundheit ist einer der wichtigsten Werte für den Menschen, nicht umsonst heißt es: „Ein gesunder Mensch braucht tausend Dinge, ein kranker Mensch braucht nur eines - Gesundheit." Die Gesundheit gilt zu Recht als die wichtigste Quelle des menschlichen Reichtums. Sie ist die Grundlage für sein Wohlbefinden.

Im letzten Jahrhundert hat die Medizin große Erfolge erzielt, aber die Menschheit ist dadurch nicht gesünder geworden. Krankheiten, die wir besiegen konnten, werden durch andere ersetzt, die nicht weniger schwerwiegend und manchmal sogar noch gefährlicher sind. Wissenschaftler stellen fest, dass seit Beginn des 20. Jahrhunderts parallel zu einer beispiellosen Entwicklung des medizinischen Wissens und der Technologie, die Erkrankungsrate exponentiell anstieg. Und warum?

Nach Angaben der Weltgesundheitsorganisation hängt der Gesundheitszustand eines Menschen nur zu 10 % von der Medizin und zu 20 % von der Vererbung ab. Weitere 20 % werden durch das Umfeld des

Menschen bestimmt, und die restlichen 50 % hängen von der Lebensweise ab. Was bedeuten diese Zahlen?

Die Zahlen zeigen, dass unsere Gesundheit in den Händen der Gesellschaft liegt, in der wir leben. Die Gesellschaft diktiert uns, was Gesundheit ist, was Krankheiten sind und wie man sie behandelt. Diese Konzepte unterscheiden sich in den verschiedenen Kulturen erheblich voneinander. In der chinesischen Medizin beispielsweise wird Gesundheit als ein Zustand des Gleichgewichts und der Harmonie der vitalen Energieströme beschrieben. Im Westen hingegen ist es üblich, körperliche und geistige Krankheiten getrennt zu behandeln. In Gesellschaften, in denen das Individuum im Mittelpunkt der Kultur steht, ist die Rate der Depressionen viel höher als in Kulturen, in denen das Ganze wichtiger als das Individuum ist.

Unsere Gesundheit wird durch traditionelle Normen und Verbote beeinflusst, die seit Jahrhunderten von Generation zu Generation weitergegeben werden und festlegen, was schädlich und was gesund ist, z. B. in Bezug auf Ernährung, Sexualverhalten, Arbeit, Ruhezeiten und vieles mehr. Einen großen Einfluss auf unsere Gesundheit hat auch das Gesundheitssystem, das zumeist in den Händen des Staates liegt. Der Staat verfügt über enorme wirtschaftliche Ressourcen und organisatorische Möglichkeiten. Er ist Eigentümer von Krankenversicherungssystemen, bietet Sozialleistungen und kümmert sich um Menschen mit Behinderungen.

Das sind große Errungenschaften, aber der Rahmen des Gesundheitssystems existiert nicht in einer Art isoliertem Raum, sondern ist ein wesentlicher Teil einer profitorientierten Konsumgesellschaft. So werden die Maßnahmen zur Verbesserung der Gesundheit der Bevölkerung mit egoistischen Aktivitäten kombiniert, die der Gesundheit schaden.

Die „Gesundheitsindustrie" ist wirtschaftlich sehr profitabel. Ihre Gewinne werden auf Milliarden von Dollar geschätzt, so dass sie sich in die strengen Marktgesetze einfügt. Die pharmazeutische Industrie, die medizinischen Einrichtungen und die Apotheken sind letztlich an einer großen Zahl kranker Menschen interessiert und nicht an gesunden Menschen.

In den 80er Jahren wurden allein in Frankreich jährlich etwa 400 Tonnen Medikamente verbraucht. Das bedeutet, dass der menschliche Körper gezwungen ist, 6,3 kg chemischer Arzneimittel pro Jahr zu verarbeiten. Daher sind die folgenden Daten nicht überraschend. Fast 30 % der Patienten in der Welt, die heute ins Krankenhaus eingeliefert werden, leiden an Krankheiten, die durch Medikamente verursacht werden, von denen man weiß, dass sie Nebenwirkungen haben.

Der soziale Status hat erhebliche Auswirkungen auf die menschliche Gesundheit. Die Lebenserwartung von Menschen mit hohem Sozialstatus ist im Durchschnitt länger, und sie gehen seltener zum Arzt als Menschen aus den schwächeren Schichten der Gesellschaft. Die meisten teuren und prestigeträchtigen Medikamente, die meisten komplexen medizinischen Operationen, die meisten begabten Fachärzte sind nur für die Reichen verfügbar. Armut, Arbeitslosigkeit, schlechte Arbeits- und Lebensbedingungen sind Faktoren, die einen erheblichen Einfluss auf die Gesundheit haben.

Wie bereits erwähnt, hängen 20 % der Gesundheit von der Umwelt ab, und das ist ein erheblicher Prozentsatz. Die Umweltverschmutzung ist eine weit verbreitete Katastrophe, die sich auf die eine oder andere Weise und in unterschiedlichem Ausmaß auf die Gesundheit aller auswirkt. An manchen Orten ist die Ökologie besser, an anderen weniger gut. Es gibt Orte, an denen sich die ökologischen Probleme zu einer echten Tragödie entwickeln. In dieser Frage hängt viel von der Politik der Behörden, den Entscheidungen und Handlungen der Unternehmer und den Aktivitäten der Umweltdienste ab, die für die Qualität unserer Lebensmittel, unseres Wassers und unserer Luft verant- wortlich sind. Sie haben zum Beispiel die Wahl, ob sie die Einleitung giftiger Abfälle in die Gewässer verbieten oder ein Auge zudrücken wollen.

Die Schlussfolgerungen sprechen für sich: Unsere Gesundheit hängt vollständig von der Gesellschaft ab, in der wir leben, mit Ausnahme des Elements der Vererbung. In einer kranken, egoistischen Gesellschaft kann es keine gesunden Menschen geben. Daraus folgt, dass unser Egoismus die Hauptursache für alle Krankheiten ist.

Gesundheit und soziale Beziehungen

Die moderne Medizin versucht, den Zusammenhang zwischen der Gesundheit und dem sozialem Umfeld eines Menschen nachzuvollziehen. Obwohl es einige Fortschritte in dieser Richtung gegeben hat, steckt der ganzheitliche Ansatz noch in den Kinderschuhen. Wissenschaftler behaupten, dass in 32-40 % der Fälle nicht Viren und Bakterien die Ursache von Krankheiten sind, sondern vielmehr Stress. Und Stress ist bekanntlich eine direkte Folge unserer gestörten Beziehungen. Konflikte in der Familie und am Arbeitsplatz, unglückliche Liebe, Scheidung, Verlust von geliebten Menschen und Unzufriedenheit mit dem Leben, der Gesellschaft und dem sozialen Status.

Die Wünsche oder Bedürfnisse sind der Hauptanreiz, der den Menschen zum Handeln antreibt. Die Befriedigung unserer Bedürfnisse ist die Grundlage unserer Gesundheit, denn die Befriedigung der körperlichen Grundbedürfnisse gibt uns ein Gefühl der „Freude am Körper", sie gibt uns Kraft und ermöglicht uns letztlich die Verwirklichung der anderen höheren Wünsche. Beruflicher und kreativer Erfolg und öffentliche Anerkennung werden durch ein Gefühl des Stolzes auf den Sieg belohnt.

Unbefriedigte Wünsche hingegen führen zu einer Störung des psycho-emotionalen Gleichgewichts und in der Folge zu psychosomatischen Erkrankungen. Die ständige Unzufriedenheit, die der moderne Mensch beim Streben nach materiellem Reichtum, Karriere und Publicity erfährt, führt zu Eifersucht und Wut, die Geist und Körper auslaugen und schließlich Herzinfarkte und psychische Krankheiten verursachen.

Ein besonderer „zielgerichteter" Druck erfasst nun die gesamte Menschheit. Dieser Druck erzeugt einen globalen Druck der Natur und führt uns zu einem bestimmten Beziehungsmuster, zu Verhaltensnormen und zu einer neuen Wahrnehmung der Welt. Die Zeichen von Stress sind Ungewissheit und Unsicherheit über die Zukunft. Der moderne Mensch ist in der Tat eine elende Kreatur, die in ständiger Angst vor der nächsten Wirtschaftskrise, dem Verlust des Arbeitsplatzes, der Inflation, der Umweltkatastrophe, dem Krieg und unzähligen anderen Ängsten lebt.

Störungen in den zwischenmenschlichen Beziehungen gelten als eine der Hauptursachen für Stress. Jeden Tag kommunizieren wir mit vielen Menschen auf der Straße, in öffentlichen Verkehrsmitteln, in Geschäften, Büros und am Arbeitsplatz. Jede noch so oberflächliche Begegnung ruft positive oder negative Gefühle hervor, die durch ein böses Wort oder auch nur durch einen Blick ausgedrückt werden können. Metaphorisch gesprochen können wir eine Person „töten", einen tiefen Groll, Wut oder Schmerz in ihr wecken. Eine Atmosphäre gegenseitiger Feindseligkeit ist das vorherrschende Modell der sozialen Beziehungen in der modernen Gesellschaft. Wir befinden uns in einem Kräftefeld, unsere Sinne werden ständig von Kräften beeinflusst, die sich auf unterschiedliche Weise äußern, wie Viren, Krisen und dergleichen. Alles in allem gelangen alle Störungen und Hindernisse, die der Mensch empfindet, über die Umwelt zu ihm und zeigen an, dass es an der Zeit ist, die Haltung gegenüber der Umwelt im Einklang mit den Naturgesetzen zu ändern.

Das Grundgesetz der lebenden Organismen ist das Gesetz des Gleichgewichts. Stell dir vor, dass sich dieses Gesetz auch in der menschlichen Gesellschaft widerspiegelt, das Gesetz der gegenseitigen Garantie. Alle Krankheiten in der Welt sind auf ein Ungleichgewicht zwischen dem Ausmaß, in dem der Mensch von der Gesellschaft erhält, und dem Ausmaß, in dem er ihr etwas zurückgibt, zurückzuführen, oder mit anderen Worten, auf die Verletzung der richtigen Verbindungen zwischen den Menschen. Aus der Sicht des integralen Ansatzes ist der entwickelte Egoismus eine Krankheit, oder besser gesagt, eine versteckte Quelle vieler Krankheiten, unter denen die Menschheit leidet und gegen die die Medizin hilflos ist.

Von allen Lebewesen, die die Erde bevölkern, ist heute der gefährlichste und listigste Feind des Menschen das, was wir „Virus" nennen. Nun ist der Mensch selbst zum schlimmsten Raubtier geworden. Er ist jedoch hilflos gegenüber den winzigen Viren, die sich wie intelligente Lebewesen verhalten. Ein Virus ist ein Programm der Natur. Seine Aufgabe ist es, die Evolution der Menschheit zu korrigieren. In der Natur gibt es keine schädlichen Lebewesen. Es gibt vielmehr Lebewesen, die eine unangenehme, aber notwendige Rolle als „Reinigungskräfte" spielen.

Ein ähnliches Phänomen widerfährt uns jetzt während der Corona-Pandemie, denn der Mensch ist das einzige Wesen, das in völligem Widerspruch zu den harmonischen Gesetzen der Natur lebt und handelt. Viele der schwierigsten und häufigsten Krankheiten sind ein Spiegelbild unseres inneren Zustands, des Egoismus, den wir auf der physischen Ebene aufgebaut haben. Die Natur versucht, das kranke System zu „heilen", die Menschheit, die nicht richtig funktioniert. Das Unangenehme an dieser Situation ist, dass das Problem überhaupt nicht mit einer bestimmten Person zusammenhängt, die vielleicht besonders egoistisch ist und dafür mit Krankheit „bestraft" wird. Die Krankheiten des Egoismus betreffen die gesamte Menschheit und treffen sowohl die Guten als auch die Bösen. Nur wenn die Menschheit die richtigen Verbindungen untereinander und mit der Natur herstellt, kann sie das verlorene Gleichgewicht und damit ihre Gesundheit wiedererlangen.

Leben und Tod

Das Wort „Biologie" bedeutet „wissenschaftliche Untersuchung des Lebens", aber diese Wissenschaft hat keine Ahnung, woher das Leben auf diesem Planeten stammt. Woher kommt das Leben, und was ist es überhaupt? Leben ist die Existenzform von Materie, die sich unter bestimmten Bedingungen im Laufe ihrer Entwicklung auf natürliche Weise bildet. Lebende Wesen unterscheiden sich von unbelebten durch ihren Stoffwechsel, ihre Fortpflanzungsfähigkeit und verschiedene Formen der Bewegung. Wenn wir das Leben nicht als die Existenz einer aus Eiweiß bestehenden Substanz betrachten, dann ist das Leben eine besondere Art von Bewusstsein, und der Tod existiert, um den Menschen dazu zu bringen, über den Sinn des Lebens nachzudenken.

Die menschliche Zivilisation hat sich über Tausende von Jahren entwickelt, und mit ihr sind unzählige Glaubensvorstellungen auf der Erde entstanden. Erstaunlich ist, dass in all diesen Überzeugungen die Vorstellung vom Leben nach dem Tod in der einen oder anderen Form enthalten ist. Die Formen des Lebens nach dem Tod mögen in den verschiedenen Kulturen unterschiedlich sein. Der Grundgedanke bleibt jedoch unverändert, nämlich dass der Tod kein absolutes Ende der menschlichen Existenz darstellt und das Leben (oder der Bewusstseinsstrom) in der einen oder anderen Form nach dem Tod des physischen Körpers weiter existiert.

Doch der Tod übt auf den Menschen auch eine bestimmte Faszination aus. Nichts zieht uns mehr an als Todes- und Katastrophenmeldungen, vor allem, wenn ein tragischer Unfall viele Menschen betrifft. Das ungesunde Interesse an den Schrecken von Kriegen, Naturkatastrophen, Verbrechen oder Krankheiten nimmt immer mehr zu. Dieses Interesse kann sich sogar in einem Sturm der Gefühle äußern, wenn eine bekannte Persönlichkeit stirbt, aber der Gedanke an den eigenen Tod stößt die Menschen ab. Um die Ablehnung des Todes zu überwinden und den natürlichen Wunsch nach ewigem Leben zu befriedigen, wurden viele Theorien aufgestellt, wie die der Unsterblichkeit der Seele und die Vorstellung von Wiedergeburten.

Wir verdrängen das Thema Tod, wir versuchen, nicht daran zu denken, wir lenken unsere Aufmerksamkeit auf andere Situationen und entwickeln Abwehrgedanken, um dieses Thema zu umgehen, weil es in uns ein unangenehmes Gefühl der Sinnlosigkeit unserer Existenz hervorruft. Wenn alles aufhört und mit dem Tod endet, was ist dann der Sinn all der Jahre, die wir noch vor uns haben? Der Realität zu entfliehen, rumzuhängen und zu genießen? Wenn der Mensch den wahren Sinn des Lebens erkennt, ändert sich der

Verlauf seiner irdischen Existenz in den ihm zugewiesenen Jahren. Es bekommt einen ganz neuen Anstrich und einen neuen Wert, und er erhebt sich, um sein Leben als Mensch zu erfüllen. Der Mensch sollte keine Angst vor dem Tod haben. Er sollte Angst davor haben, ein Leben ohne Sinn und Zweck zu leben.

Veränderungen in der modernen Familie

Die Familie ist der engste Kreis des Menschen, in dem die persönlichsten und intimsten Aspekte seines Lebens verbunden sind. Die Familie ist eine Minimalgemeinschaft, die die Haupteinheit der Gesellschaft, das Fundament und die wichtigste Stütze darstellt, da sie zur Aufrechterhaltung der sozialen Ordnung beiträgt. Der große chinesische Philosoph Konfuzius glaubte, dass der Zustand der Familie ein Indikator für die Gesundheit der Gesellschaft sei. Streitigkeiten in der Gesellschaft beginnen in der Familie, und wenn in den Familien alles in Ordnung ist, herrscht auch in der Gesellschaft Harmonie.

Die moderne Familie erlebt schwierige Zeiten und wie die Gesellschaft befindet sie sich in einer Krise. Dennoch gibt es auch in diesen Zeiten glückliche und unglückliche Familien, einige schaffen es, Liebe und Harmonie zu bewahren, andere nicht. Hier stellen sich die Fragen: „Woran liegt das, und was hängt von uns ab?" Und die wichtigste Frage: „Welche Veränderungen finden in den modernen Familien statt?"

Zunächst werden wir versuchen zu verstehen, warum die Familie überhaupt gebraucht wird. Der Wunsch nach familiären Bindungen ist uns von der Natur selbst eingeflößt worden, und die Familie hat schon immer viele wichtige Aufgaben erfüllt. Viele Tiere leben in Paaren. Kleine Nagetiere leben in monogamen Familien und zeichnen sich durch außergewöhnliche eheliche Treue aus, und auch unter Affen gibt es monogame Familien. Interessanterweise sind Schimpansen in der Lage, Welpen anderer Affen zu adoptieren, und zwar nicht nur die der Weibchen. Auch Männchen werden zu Adoptiveltern.

Geburt und Erziehung von Kindern

Die Familie ist die wichtigste Plattform, über die der Prozess der Persönlichkeitsbildung des Kindes abläuft. In der Familie werden die Kinder zunächst mit den gesellschaftlichen Verhaltensnormen vertraut gemacht. Durch die Familie werden kulturelle und religiöse Werte, Wissen und Fähigkeiten von Generation zu Generation weitergegeben.

Gemeinsamer Haushalt

Obwohl die Familie heute nicht mehr wie früher eine wirtschaftliche Produktionseinheit ist, bleibt die Führung eines gemeinsamen Haushalts eine ihrer Hauptfunktionen.

Emotionale Unterstützung

Für viele Menschen ist die Familie die wichtigste Quelle des Trostes und des Seelenfriedens, der Liebe und der Freundschaft, denn die Ehe bedeutet gegenseitiges Vertrauen, Verpflichtung und gegenseitige Hilfe.

In der modernen Familie vollziehen sich vor unseren Augen große Veränderungen, von denen wir die wichtigsten aufzählen wollen. Mit der Entwicklung der Industriegesellschaft wurde die patriarchalische Familie durch eine kleine Kernfamilie ersetzt, die nur die Eltern und ihre minderjährigen Kinder umfasste. Seit den 60er und 70er Jahren beginnt die Struktur der Kernfamilie zu zerfallen und wird durch eine Vielzahl von Formen des Zusammenlebens ersetzt.

Die Vielfalt der modernen Familie

Die moderne Familie wird aus gutem Grund „frei" genannt. Immer mehr Menschen ziehen es vor, vor der Heirat einige Zeit zusammenzuleben, um die Kompatibilität zwischen ihnen zu prüfen. „Gast-Ehen" sind heutzutage sehr verbreitet, die Menschen entscheiden sich dafür, getrennt zu leben und sich nur gelegentlich zu treffen. Infolge von Scheidungen nimmt die Zahl der Alleinerziehenden zu, und in der modernen Welt gibt es viele kinderlose Familien.

Frauen planen Schwangerschaften unter Berücksichtigung anderer Aufgaben wie berufliches Wachstum, Karriere, Wahrung der persönlichen Freiheit und Mobilität. Eine besondere Form der Familie ist schließlich das Zusammenleben von homosexuellen Frauen und Männern, und in einigen Ländern gibt es formelle Ehen zwischen ihnen. Gab es also früher nur ein einziges Muster des Familienlebens, so können die Menschen heute verschiedene Modelle der Familienstruktur wählen.

Was geschieht dann mit der Familie?

Viele, die die Veränderungen der letzten Jahrzehnte beobachten, sind der Meinung, dass die Institution Familie zerbröckelt, und sie haben teilweise recht. Der stetige Anstieg der Zahl der geschiedenen Paare, die Zurückhaltung junger Menschen bei der Eheschließung, die Vernachlässigung der familiären Pflichten - all das sind Warnzeichen, die aus dem Wachstum des Egos und des extremen Individualismus resultieren.

Sein Leben mit einem anderen Menschen zu verbinden, in derselben Wohnung zu leben, Kinder zu haben, sie aufzuziehen und sich von morgens bis abends um sie zu kümmern, wozu? Dieser Ansatz ist das Ergebnis eines egozentrischen Denkens. Die Menschen sind nicht in der Lage, sich zurückzuhalten. Sie wollen sich nicht gebunden fühlen, sondern sich frei in der Welt bewegen, ihre momentanen Wünsche befriedigen und nicht unter Stress und Einschränkungen leiden. Heute brauchen die Menschen ein höheres Ideal, um ihren persönlichen Nutzen zu kompensieren, und sie werden gezwungen sein, nach zusätzlichen Zielen zu suchen, für die sie eine Familie gründen.

Angesichts dessen ergibt sich eine dramatische Situation. Auf der einen Seite entwickelt sich unser Egoismus ständig weiter und zerstört die Institution der Ehe. Andererseits widerspricht diese Entwicklung dem Zweck der Natur. Denn die Familie ist keine künstlich geschaffene Einheit, sondern das minimale Grundelement für die Entwicklung zwischenmenschlicher Beziehungen. Die Lösung des Problems kann nur in der Schaffung eines Umfelds liegen, das die Bedeutung der Aufrechterhaltung der Institution Familie unterstützt und die Arbeit innerhalb dieser Institution fördert. Dies erfordert die Unterstützung durch öffentliche Einrichtungen und eine Änderung des Wertesystems, so dass der Erhaltung der Familie und einer angemessenen Erziehung Bedeutung beigemessen wird.

Die Kluft zwischen den Generationen

Jahrhundertelang lernten Kinder von ihren Eltern als Teil des natürlichen Sozialisationsprozesses. Gute Kinder würden aus den Erfahrungen ihrer Eltern lernen. Was geschieht aber heute? Um erfolgreich zu sein, reicht es nicht aus, von den Erfahrungen unserer Eltern zu lernen, und die Eltern selbst können sich nicht ausruhen und entspannen, sondern müssen ständig lernen. Das Problem ist, dass nicht jeder in der Lage ist, zu lernen, so dass die Kluft immer größer wird.

Die „Kluft zwischen den Generationen" ist ein schmerzhaftes Thema. Eine Generation ist eine Gruppe von Menschen, die in einer bestimmten Zeitspanne leben. Psychologen gehen davon aus, dass dies ein Zeitraum von etwa 20 Jahren ist. Eine Generation kann anhand von drei Kriterien definiert werden: eine gemeinsame historische Epoche, bestimmte Verhaltensweisen der Gruppe und eine gemeinsame kollektive Erfahrung.

In der Soziologie werden die Generationen in der Regel nach historischen Ereignissen eingeteilt. Die „Babyboomer" zum Beispiel sind Menschen, die nach dem Zweiten Weltkrieg bis 1964 geboren wurden.

Generation X sind Menschen, die zwischen 1965 und 1980 geboren wurden. Die Generation Y ist die Generation der Millennials, die zwischen Anfang der 80er und Mitte der 90er Jahre geboren wurde. Generation Z sind Menschen, die zwischen Mitte der 90er und 2000er Jahre geboren wurden.

Alle diese Generationen haben besondere Merkmale, die nur ihnen eigen sind. Bei Tieren werden keine derartigen Veränderungen beobachtet, es gibt keinen Unterschied zwischen den Affen, die vor 10.000 Jahren lebten und den Affen, die heute leben. In der Antike dauerten die Generationen Hunderte und Tausende von Jahren, aber in der modernen Welt wird alle 15-20 Jahre eine neue Generation mit ihren eigenen Werten und Eigenschaften geboren.

Worin unterscheiden sich die Generationen?

Die größte Kluft besteht zwischen der Generation der Millennials und ihren Eltern. Sie wird als „digitale Kluft" bezeichnet und bezieht sich auf die Nutzung des Internets, von Mobiltelefonen und sozialen Medien.

Älteren Menschen fällt es schwer, neue Dinge zu lernen. Dafür gibt es viele Gründe: ein schwächeres Gedächtnis und eine geringere Geduld - und sie werden konservativer. Sie können mit der Jugend nicht mithalten und verlieren dadurch ihre Autorität in den Augen der jüngeren Generation. Ihr Wissen und ihre Erfahrung werden von den Jungen als unnötig oder sogar völlig überflüssig empfunden. Kinder sind den Erwachsenen in ihrer Fähigkeit, die Errungenschaften der technologischen Revolution zu nutzen, deutlich überlegen. Der Kern des Generationenkonflikts liegt jedoch darin, dass die Eltern die Kinder nicht als gleichberechtigte Partner wahrnehmen und ihnen deshalb Rechte verweigern oder Pflichten vorenthalten.

Ein weiterer Schwerpunkt des Generationenkonflikts ist die Frage der Freiheit, der Normen und Werte der vorangegangenen Generationen. Der Mensch selbst hat sich nicht sehr verändert. Er hat dieselben Grundbedürfnisse und Probleme, die er schon vor Tausenden von Jahren hatte. Wie er vor Tausenden von Jahren geliebt hat, so wird er auch weiterhin lieben. Wie er gefühlt hat, so wird er auch weiterhin fühlen. Wenn er nicht satt wird, wird er um Nahrung bitten, und wenn er das Objekt seiner Träume in der Nähe sieht, wird er sich verlieben.

Welche inneren Veränderungen gehen in einem vor und wie wird die Kluft zwischen den Generationen vergrößert?

- Erstens durch die ständige Zunahme des Egoismus.
- Zweitens durch die Globalisierung - die zunehmende Interdependenz zwischen den Menschen führt zur Einsicht, dass das Leben jedes Einzelnen vollständig von der Umwelt abhängig

ist. Diese beiden Faktoren haben sich in den letzten Jahren dramatisch verändert und die Kluft zwischen den Generationen vergrößert.

Wir leben in einem Zeitalter des unerträglichen Konflikts zwischen dem Bedürfnis nach Beziehungen zu anderen und dem Bedürfnis nach Unabhängigkeit, und der Unterschied zwischen den Beziehungen der einzelnen Generationen zu diesen Werten wird immer größer. Die moderne Generation vereint Eigenschaften wie Toleranz und Radikalität, Offenheit gegenüber dem Einfluss von Informationen, den Wunsch nach Festigung des Selbstwerts und ein Gefühl der Freiheit, auch wenn sie von den schnellen Rhythmen des modernen Lebens abhängig ist.

Es ist gerade die Verschmelzung dieser gegensätzlichen Eigenschaften, die die Generationen voneinander unterscheidet. Jede Generation bringt ihre eigenen besonderen Werte mit. Die letzte Generation hat eine neue Art zu denken, einen neuen inneren Plan und eine neue Einstellung zur Welt. Außerdem hat sie bereits die Grenzen der bisherigen Werte erkannt.

Es handelt sich um eine Art psychologische Umwälzung, die derzeit nur schwer vorstellbar und noch schwerer zu erkennen ist. Es handelt sich um neue Beziehungen, die auf einem klaren Verständnis des Gesetzes vom Gleichgewicht der Natur beruhen. Wie viel sollte ich von der Gesellschaft erhalten und wie viel sollte ich geben? Dabei geht es vor allem um Beziehungen und nicht um physische Handlungen. Dies ist ein neuer Wert, den die Natur selbst der neuen Generation eingeprägt hat. Natürlich haben wir diese Fähigkeit von unseren Vorfahren geerbt, die eine auf egoistischen Werten basierende Gesellschaft geschaffen haben, und diese Werte haben uns und unsere Kinder durch eine negative Erfahrung zu dem Bewusstsein geführt, dass die derzeitige Lebensweise schlecht ist und dass wir uns ändern müssen. Dieses Bewusstsein ist genau die Quintessenz der abgrundtiefen Kluft zwischen den Generationen.

Das Ende der Konsumgesellschaft

Die jüngste Pandemie hat, gelinde gesagt, die Weltwirtschaft erschüttert. Sie hat die grundlegenden Schwächen der Konsumgesellschaft aufgedeckt und ihren bevorstehenden Tod angekündigt. Jahrzehntelang wurde die Botschaft „Je mehr du konsumierst, desto cooler bist du" in unser Bewusstsein eingeprägt. Doch plötzlich gingen die Lichter auf der Bühne aus, und in den kurzen Momenten, in denen das System neu gestartet wurde, sahen wir hinter den Kulissen eine ganz andere Botschaft: „Je mehr du konsumierst, desto näher ist das Ende des Festes." Der Rückgang des Konsumverhaltens ist natürlich und unvermeidlich. Er ist das Ergebnis eines Zeiten- und Generationenwechsels und eines Paradigmenwechsels in der menschlichen Evolution. Dies ist das Gebot der Stunde.

Hier sind die realistischen Gründe, die das Ende der Konsumgesellschaft näher rücken lassen:

1) Vertrauensdefizit

Vertrauen ist eine notwendige Komponente in jeder Beziehung; es ist der Geist aller Gesetze und

Vereinbarungen. In einem Umfeld des endlosen Wettbewerbs wird Vertrauen zu einem seltenen Gut. Infolgedessen versinkt die Welt in Konflikten, und alle Bündnisse werden kommerziell und vorübergehend. Leider ist damit der Weg frei für einen großen Krieg, der dem ungezügelten Konsumverhalten ein Ende setzen wird.

2) Umweltverschmutzung

In dieser Hinsicht ist alles sehr einfach und traurig, der Konsumismus gegenüber der Natur liegt im Blut des Menschen. Seit dem Beginn unserer Spezialisierung auf Technologien, seit etwa 100-150 Jahren, haben wir den Planeten „vergewaltigt", so dass jedwede Reaktion unserer Erde nicht übertrieben ist. In der Tat reagiert der Planet mit einem zunehmenden Ungleichgewicht des Klimas, mit Katastrophen und Unglücksfällen. Seine Reaktion ist das Ergebnis unseres Konsumverhaltens und der Art der sozialen Beziehungen zwischen uns. Der Mensch gibt vor, der König der Natur zu sein und behandelt sie wie ein Barbar und Räuber. Das sind die Werte, die die Gesellschaft ihm predigt, ganz gleich, welche Geschichten sie uns verkauft. Das bedeutet, dass wir die ökologische Situation nur dann beeinflussen können, wenn wir die Gesellschaft verändern.

3) Begrenzte natürliche Ressourcen

Wir nehmen der Natur mehr weg, als für unsere Existenz notwendig ist. Die meisten unserer

Technologien in allen Bereichen, von der einfachen Produktion bis zur Landwirtschaft, verursachen Verluste bei den Ressourcen des Planeten. Der Planet ernährt uns und unsere Kinder, aber unsere Münder öffnen sich immer mehr und nichts befriedigt uns. Eine ausgewogene Wirtschaft ist das Letzte, woran wir denken. Unsere egoistische Natur scheint stärker zu sein als der gesunde Menschenverstand. Der Mensch wird weiterhin Öl fördern und Bäume fällen, solange er damit Geld verdienen kann. In einer egoistischen Wirtschaft können erneuerbare Energiequellen und der Respekt vor den natürlichen Ressourcen als „Befreiung" genutzt werden, aber nicht als Trend. Wir brauchen zwar technologische Innovationen, aber wenn sich das menschliche Verhalten nicht entsprechend ändert, werden Innovationen bedeutungslos sein.

4) Zunehmende Ungleichheit

In der (gegenwärtigen) Ära der globalen Pandemie verschärfte sich das Problem der Ungleichheit. Beschränkungen und Schließungen schadeten den einkommensschwachen Schichten viel mehr, während der wohlhabende Teil der Gesellschaft im Durchschnitt viel weniger litt und sogar noch reicher wurde. In der modernen Welt konzentriert sich das Kapital in den Händen einiger weniger, und die Zukunft ist vorhersehbar: Das Anwachsen der Ungleichheit wird schließlich zum Krieg führen.

5) Ungewissheit

Wenn die Zukunft ungewiss ist, geben die Menschen ihr Geld vorsichtiger aus. Wenn die Menschen jedoch nicht mehr bereit oder in der Lage sind, ihr Geld so auszugeben wie früher, wird das System früher oder später zusammenbrechen, da es sich auf den „Konsumoptimismus" stützt. Dieses Phänomen wird als „Wohlstandseffekt" bezeichnet. Wenn die Menschen optimistisch und zuversichtlich in die Zukunft blicken, geben sie in der Gegenwart mehr aus und umgekehrt. Das Vertrauen in die Zukunft wird zu „Hirngespinsten", und der Boden unter dem Konsumismus bröckelt.

6) Entwicklung von Technologien

Technologien sollen unser Leben einfacher und reicher machen, aber im 21. Jahrhundert führen sie zu sozialer Schichtenbildung und Massenarbeitslosigkeit. Seit Jahren wird uns versichert, dass viele Berufe bald von der Bildfläche verschwinden werden. Dieses Versprechen scheint manchmal unbegründet zu sein. Aber offenbar versucht man, uns schon im Vorfeld daran zu gewöhnen, um uns die Akzeptanz des Unvermeidlichen zu erleichtern. Es wird der Tag kommen, an dem Roboter eine große Zahl von Menschen ohne Arbeit zurücklassen werden.

7) Änderung der internen Prioritäten

Zu Beginn des Jahrtausends gab es dramatische psychologische Veränderungen, die auf den

Zusammenbruch des Konsumtrends hindeuteten. Eine neue Generation wurde geboren, für die der Kauf einer Cartier-Uhr oder eines Lamborghini-Autos nicht mehr der Gipfel ihrer Träume ist. Die Millennials sind gezwungen, nach den alten Regeln zu leben, aber in Wirklichkeit haben sie die Lust an diesem Spiel verloren. Sie brauchen weniger Dinge. Sie sind nicht bereit, nur für Geld zu arbeiten, und ihr Motto lautet „alles auf die leichte Schulter zu nehmen". Und nein, sie sind keineswegs faul, sie sind nur anders. Sie werden von anderen Wünschen angetrieben, denen der Konsum nicht wirklich gerecht werden kann.

Dieser Wandel kündigt große Veränderungen an, die sich auf den Geist und die Seele und folglich auf die sozioökonomischen Beziehungen auswirken. Wir leben in einer Zeit, in der die Ideale des persönlichen Wettbewerbs nicht mehr funktionieren. Die Natur zwingt uns, zu kommunizieren und zusammenzuarbeiten, und wir haben Zeit, dies in einer entspannten Atmosphäre zu lernen. Aber je länger wir zögern, desto schlimmer werden die systemischen Reaktionen auf unsere Untätigkeit.

Unvernünftiges Konsumverhalten ist zum Scheitern verurteilt. Wenn wir uns noch nicht vor Umweltkatastrophen wie der Corona-Pandemie fürchten, hat die Natur noch viele weitere Werkzeuge in ihrem Arsenal, um unseren Appetit zu zähmen. Wir sollten die wirtschaftlichen Verhältnisse bewusst umgestalten und voranbringen, damit wir viele Probleme vermeiden können. Ein Heer von Millionen von Arbeitslosen stellt eine große Bedrohung für die Gesellschaft dar. Eine Masse von verärgerten und unzufriedenen Menschen, denen das natürliche Recht auf Arbeit verweigert wurde und die gezwungen sind, einen halbherzigen Lebensstil zu führen, ist ein ständiger Brennpunkt des Protests, der schreckliche Formen annehmen kann.

Die moderne Gesellschaft ist nicht in der Lage, den Arbeitslosen ein normales Leben zu ermöglichen. Es geht nicht darum, materiellen Wohlstand zu schaffen, sondern vielmehr um ein Minimum an Beschäftigung und das Gefühl, dass die Gesellschaft sie braucht. Diese und andere Probleme können durch die Schaffung einer auf „intelligentem Konsum" basierenden Wirtschaft gelöst werden, aber dazu muss sich zunächst die Gesellschaft ändern, ebenso wie die Werte und Einstellungen zum Konsum, zur Arbeit und zum Sinn des Lebens. Die Schaffung einer solchen Gesellschaft setzt keine künstliche Gleichheit voraus. Die historische Erfahrung hat überzeugend gezeigt, dass dieser Weg nicht zu den erwarteten Ergebnissen führt. Übermäßiger Luxus und übermäßiger Konsum werden jedoch allmählich verschwinden, wenn sich die Bedürfnisse, Prioritäten, Notwendigkeiten und Ziele im Leben der Menschen ändern.

Wir sind daran gewöhnt, dass „Arbeit" und „Dienstleistung" die Herstellung von materiellen Produkten bedeuten, aber es scheint, dass der Begriff

„Arbeit“ neu definiert werden muss. Die arbeitenden Menschen von heute haben keine Zeit zum Leben, sie leben „auf der Flucht“. Es ist jedoch möglich, Energie in andere Aktivitäten zu investieren, die schon lange in Vergessenheit geraten sind, in die Selbstverwirklichung, in Tätigkeiten, die der Gesellschaft zugutekommen, oder einfach in die Schaffung einer guten Stimmung für die Mitmenschen. All diese Aktivitäten sind auch Arbeit, und zwar eine sehr wichtige Arbeit, denn ihr Ziel ist es, richtige und harmonische Beziehungen in der Gesellschaft zu schaffen und zu erhalten. Das ist keine leichte Arbeit, sie erfordert von den Menschen beträchtliche Kenntnisse, Fähigkeiten und Anstrengungen. Es sollte ein ständiges Gleichgewicht herrschen zwischen den Menschen, die das schaffen, was für unseren Lebensunterhalt notwendig ist, und den Menschen, die die richtige, lebenswichtige, gute Atmosphäre in der Umgebung schaffen, die eine neue Kultur schaffen.

Eine Alternative zur Krise

Die Menschheit ist in das globale Zeitalter eingetreten und muss die Gesetze eines geschlossenen globalen Systems befolgen. Wie wir im Fall des Corona-Virus gesehen haben, hängen diese Gesetze nicht von den Entscheidungen der Regierungen ab, und jeder muss sie verstehen. Von nun an ist alles mit allem verbunden, und unter solchen Bedingungen braucht die Gesellschaft ein allgemeines Bildungsprogramm zum Thema der Verbindung gegenseitiger Beziehungen. Sonst werden wir nicht nur keinen Wohlstand erleben, sondern nicht einmal Stabilität erreichen können. Jede Woche droht die UNO der ganzen Welt mit einer neuen Katastrophe. Der Hunger klopft bereits an die Türen von Millionen von Menschen, und dazu kommt noch die jüngste Pandemie.

Bis zum Herbst 2020 sind mehr als sieben Millionen Menschen verhungert, über 800 Millionen Menschen haben keinen Zugang zu ausreichend hochwertigen Nahrungsmitteln, und etwa 2 Milliarden sind vom Hungertod bedroht, während über 2 Milliarden übergewichtig sind. Die Landwirte in Amerika und Europa vernichten ihre Ernten, da die Bestellungen von Cafés und Restaurants aufgrund der Pandemie zurückgegangen sind. Es scheint, dass die Verteilung von Lebensmitteln an die Hungernden teurer ist als ihre Vernichtung, und die kostenlose Abgabe wird die Preise sinken lassen. Der Markt ist heilig, Menschen können verhungern, aber der Markt muss gerettet werden. Das ist die Logik des Kapitalismus. Wo sind also die abertausenden Organisationen, die Geld für humanitäre Hilfe erhalten? Dies ist nur ein kleines Beispiel für eine egoistische Gesellschaft, die den altruistischen Gesetzen der Natur völlig zuwiderläuft.

Der Schlüssel zum Erfolg liegt im Gleichgewicht mit der Natur in Übereinstimmung mit ihren integralen Mechanismen, und das erfordert Lernen. Die Menschen müssen zumindest eine allgemeine Vorstellung von der realen Welt haben, in der sie leben, insbesondere angesichts der wachsenden Arbeitslosigkeit. Die Welt wird nicht mehr in ihre frühere Form zurückkehren. Nicht alle Unternehmer werden ihre Unternehmen wieder in Gang bringen. Nicht alle entlassenen Arbeitnehmer werden eine Arbeit finden, und die Arbeitslosigkeit wird auch zu ernsten sozialen Problemen führen.

Dies ist genau der Punkt, an dem ganzheitliche Beziehungskurse erforderlich sind, die der Gesellschaft ein Instrumentarium für das Leben in der Post-Verbraucher-Ära an die Hand geben. Dies wäre die beste Antwort auf die Forderungen der Menschen, die ohne Einkommensquelle dastehen, weil es nicht ausreicht, ihnen das Arbeitslosengeld zu zahlen. Der

Mensch muss sich in der Gesellschaft verwirklichen und aus ihr Befriedigung schöpfen. Was also wird ihn entschädigen und sein Leben ausfüllen?

Dies erfordert Inhalte von anderer Qualität, die das Produkt des gemeinsamen Studiums in integralen Kursen sein werden. Die Menschen werden die richtige Verbindung lernen, die die gemeinsame globale Lösung für die Probleme der Menschheit darstellt, so wie der Egoismus, der uns heute trennt, unsere gemeinsame Quelle ist. Dieses Lernen wird als Arbeit betrachtet werden, für die die Menschen ein Gehalt erhalten werden. Sie werden nicht als arbeitslos gelten. Sie werden Geld verdienen als Gegenleistung für ihre Beteiligung an der Arbeit zur Erneuerung der Gesellschaft. Sie werden das wichtigste gesellschaftliche Produkt erzeugen, dessen Wert allmählich von allen anerkannt wird.

Diese Art des Lernens ist in jeder Hinsicht vorteilhaft. Dank des konstruktiven und systematischen Kennenlernens der ganzheitlichen Welt werden die Menschen weniger inneren Druck verspüren. Sie werden sich in der Gegenwart und in der Zukunft zuversichtlich fühlen, und natürlich wird sich auch ihre Gesundheit verbessern, ebenso wie die familiären Beziehungen. Das Leben bekommt einen neuen „Klang", einen neuen Sinn, und der Mensch erhält neue Möglichkeiten und neue Perspektiven.

Das Ergebnis der ersten Stufe dieses Lehrplans wird ein Zertifikat für einen vorbildlichen integralen

Bürger sein. Die kleinen Details sind nicht wichtig. Die Hauptsache ist, dass der Mensch weiß, wie er ein Bürger sein kann, ein integraler Teil einer freundlichen integralen Gesellschaft. Er wird diese Art von Gesellschaft innerlich akzeptieren und praktisch zu ihr beitragen. Einfach ausgedrückt: Die Gesellschaft wird für ihn wie eine Familie sein.

Natürlich muss das nicht künstlich aufgebaut werden, sondern nur durch die Aufnahme sinnvollerer Werte und durch die Bildung und Erziehung der Menschen. Schließlich handelt es sich um einen Wechsel des inneren Paradigmas, wir verlagern die Anforderungen vom materiellen Kanal auf den menschlichen Kanal. Die Grundbedürfnisse bleiben bestehen und werden vollständig befriedigt, aber alles, was darüber hinausgeht, erhält ein anderes Wesen. Diese Transformation wird nicht als Selbstbeschränkung empfunden, sondern als Übergang zu anderen Quellen der Freude.

Davon hängt unsere gute gemeinsame Zukunft ab. Das ist nicht nur ein „Rationalisierungsvorschlag" und ein Ausweg aus der Krise, sondern der einzige Weg aus der Krise. Hoffentlich werden wir das so früh wie möglich begreifen.